AUX FRONTIÈRES DU RÉEL

PAROLE DE SINGE

AUX FRONTIÈRES DU RÉEL

Romans originaux :	
Les gobelins	*J'ai lu* 4099/3
Tornade	*J'ai lu* 4239/3
Point Zéro	*J'ai lu* 4252/3
Épisodes de la série TV :	
Nous ne sommes pas seuls	*J'ai lu* 4344/2
Quand vient la nuit...	*J'ai lu* 4345/2
Parole de singe	*J'ai lu* 4346/2
Compressions	*J'ai lu* 4347/2
Faux frères siamois	*J'ai lu* 4348/2
Métamorphoses	*J'ai lu* 4349/2
Mauvais sang	*J'ai lu* 4358/2
Coup de foudre	*J'ai lu* 4359/2
Le guide officiel-1 *(Éditions La Martingale)*	
Le guide officiel-2 (*Éditions La Martingale*)	

AUX FRONTIÈRES DU RÉEL

PAROLE DE SINGE

un roman de Les Martin

D'après les séries télévisées
«Aux frontières du réel» créées par Chris Carter
D'après un scénario de Steve de Jarnatt

Traduit de l'américain par M.C. Caillava

Éditions J'ai lu

A Nicole, ma plus grande fan,
et ma critique la plus sévère.

Titre original :
TIGER, TIGER
Published by arrangement with HarperCollinsChildren'sBooks,
a division of HarperCollinsPublishers, Inc.

Photo de couverture : Michael Grecco.

CHAPITRE 1

— Tu n'es pas payé pour danser, Roberto. Souviens-toi que Dieu te regarde ! dit Francisco Garcia en espagnol à son neveu.

Il était obligé de crier pour se faire entendre : Roberto avait mis son poste de radio à fond. Francisco indiqua du doigt ce qu'il appelait « *l'œil de Dieu* » : une des caméras de surveillance.

Les deux hommes se trouvaient dans le building de l'« Idaho National Trust ». C'était la plus grosse banque de la ville de Fairfield, Idaho : hauts plafonds, dalles de marbre sur le sol. Tous les soirs, Roberto et Francisco faisaient le ménage.

A dire vrai, Francisco aimait bien regarder son neveu danser au son de la radio, en se servant de son balai comme d'une partenaire imaginaire. Après tout, les jeunes avaient bien le droit de s'amuser un peu, non ? Mais Francisco était son oncle, son aîné, et devait donc le surveiller, et parfois le ramener à la raison.

— Roberto, perds ton job ici, dit-il d'un ton extrêmement sérieux, et tu te retrouveras de nouveau dans la jungle du Salvador avant d'avoir compris comment !

Roberto lui répondit en souriant de toutes ses dents. Il fit un petit pas de claquettes, arrêta la musique, et se remit au travail.

Francisco était satisfait. Il pouvait maintenant se concentrer sur une tache qui résistait à son balai.

Soudain, un étrange bourdonnement résonna autour d'eux.

Le sol marbré se mit à trembler.

Quand il vivait encore au Salvador, Francisco avait eu droit à quelques tremblements de terre. Il avait aussi subi la guerre.

Il n'était plus au Salvador, mais dans l'Idaho. Ici, il n'y avait pas de séismes, pas de guerre non plus. Les USA étaient le pays de la paix et de la prospérité. Mais Francisco était capable de reconnaître les ennuis, les gros ennuis, quand ils arrivaient. Et ce bruit qui se rapprochait ne lui disait rien qui vaille.

On aurait dit le tonnerre, et cela devenait de plus en plus fort.

Francisco regarda autour de lui dans la banque, où pourrait-il se mettre à l'abri ? La salle des coffres était réputée pouvoir résister à tout. Mais, bien entendu, à cette heure tardive, les immenses portes d'acier étaient fermées. Peut-être qu'en se cachant derrière le comptoir...

Avant qu'il ait pu faire un seul geste, l'immense vitrine en verre de la banque explosa. Instinctivement, Francisco ferma les yeux pour se protéger des milliers d'éclats qui volèrent vers lui. Il sentit une piqûre à la joue. Puis le silence redevint total.

Il soupira lentement, encore sous le choc. Puis il ouvrit les yeux et toucha son visage. Du sang. Rien de grave, une simple égratignure. Il avait eu beaucoup de chance. Francisco se tourna vers son neveu. Roberto n'était pas blessé, mais il tremblait comme une feuille. C'est alors que le vieil homme réalisa qu'il grelottait lui aussi.

Il fit le signe de croix.

On pouvait toujours entendre le grondement sourd. Le son s'éloignait petit à petit.

Lentement, les deux hommes allèrent voir de plus près ce qui restait de la grande vitre. Il y avait un énorme trou en son milieu. Des milliers de morceaux de verre gisaient sur le marbre du sol.

— Sainte Marie mère de Dieu, protégez-nous, murmura Francisco, mais qu'est-ce qui s'est passé ?

Son compagnon ne répondit pas.

Il y avait dans la rue une voiture écrasée comme si un gigantesque rouleau compresseur lui était passé dessus. Le kiosque à journaux du coin de la rue avait été désintégré.

Mais aucune trace de ce qui avait pu causer tant de dégâts.

La force qui avait broyé la voiture, le kiosque, et fait exploser la vitre était une force invisible.

Francisco et Roberto se regardèrent en silence. Ils n'avaient pas besoin de parler pour savoir ce que l'autre pensait.

Peut-être qu'ils auraient mieux fait de rester au Salvador, après tout. Au moins, là-bas, on savait quels étaient les dangers. Et voilà qu'ils avaient peur, plus peur que jamais auparavant.

Les deux hommes étaient des étrangers, des étrangers terrorisés.

Ray Hines connaissait l'Idaho comme sa poche. Il était né et avait grandi ici. Il avait même participé personnellement à la construction de l'autoroute qui traversait l'Etat, passant à travers ses vastes plaines et en plein cœur de ses montagnes arides. Et ce soir, il travaillait la joie au cœur. La compagnie de construction qui l'employait en ce moment était pressée de finir la nouvelle route à quatre voies qui menait à Fairfield.

Cela voulait dire qu'il allait toucher des heures supplémentaires !

Hines était en train de faire une pause-café avec ses collègues, lorsqu'il entendit le bruit.

Il tendit le cou pour regarder l'autoroute à demi achevée qui s'étendait devant eux.

— Qu'est-ce que c'est que ça ? murmura-t-il, abasourdi.

Des barrières avaient été installées sur les voies afin d'empêcher tout automobiliste de rouler sur cette section de la route. Les poutres de bois qui les composaient étaient particulièrement lourdes. Pourtant, toutes se renversaient et étaient projetées dans l'air, comme si elles eussent été faites de carton !

Quelque chose de lourd et d'imposant s'avançait vers eux.

Hines se dit que tout cela ressemblait beaucoup

aux effets d'une mini-tornade, mais il ne pouvait pas sentir le moindre souffle de vent.

Il ne pouvait pas voir ce qui causait tous ces dégâts.

Ray Hines ne vit jamais ce qui le heurta et le projeta dans les airs.

La dernière chose qu'il aperçut, ce fut son Thermos de café qui explosait.

Puis le néant.

Hines retomba au sol sur le béton.

Il ne tracerait plus jamais d'autoroutes.

La pause-café de Ray Hines allait durer toute l'éternité.

A trente kilomètres de là, Wesley Brewer roulait sur la nouvelle route. Ah, se disait-il, si on avait des « quatre-voies » comme celle-ci partout, conduire son camion deviendrait un vrai plaisir ! Particulièrement quand il roulait à vide, sans container pour l'alourdir et le ralentir. Wesley appuya sur le champignon et fit rugir le moteur. Un délice... c'était encore mieux que de voler en avion !

La nuit avait été longue, et Brewer alluma en bâillant son poste de CB.

— Ici Wesley Brewer sur la route sept, dit-il en regardant sa montre. Je pense que je serai arrivé à bon port pour prendre le chargement vers les huit heures du mat'.

Il reposa le micro et s'étira en attendant une réponse.

Soudain, Wesley eut l'impression de s'étouffer tant sa surprise fut grande.

Il n'avait plus sommeil du tout.

A seulement cent mètres de lui se tenait une forme qu'il n'avait vue que sur des affiches de cirque.

Un éléphant.

Un énorme éléphant.

Et la bête n'était pas un dessin sur une affiche.

Elle chargeait droit sur lui !

Brewer écrasa le frein.

Le camion eut un soubresaut, fit un tête-à-queue et glissa sur le côté de la route, hors de contrôle.

Puis le véhicule s'arrêta.

Le pachyderme s'approcha.

Le camion et l'animal étaient nez à nez, à quelques centimètres seulement l'un de l'autre.

Brewer était hypnotisé par les yeux brillants de la bête. Il regarda les longues défenses d'ivoire. La trompe de l'éléphant frappait le pare-brise de sa cabine.

Wesley entendit une voix dans la radio :

— Allô, Wes ? Confirmez-moi votre heure d'arrivée. Allô, Brewer ? Allô, vous me recevez ?

Brewer n'avait même pas la force de répondre. Il serrait le volant des deux mains, terrorisé, puis se détendit un peu lorsque l'éléphant fit demi-tour.

Wes le regarda s'éloigner, sa queue se balançant. L'animal se profila dans le soleil qui se levait. Et soudain, comme s'il venait de recevoir une décharge électrique, il se mit à courir, à foncer aussi vite que sa taille et son poids le lui permettaient.

Brewer attendit que le monstre ait disparu de son champ de vision. Il patienta également jusqu'à ce que son cœur se remette à battre à un rythme normal. Puis il prit le micro de la CB et annonça :

— Putain les mecs... vous n'allez jamais croire ce que je vais vous raconter !

Le soleil s'était levé lorsque la police rattrapa l'animal. Ce fut une opération facile. Il n'y eut pas de poursuite, pas de course effrénée.

Un motard avait repéré l'éléphant et avait donné l'alerte.

La bête était couchée sur le sol lorsque les voitures des flics arrivèrent, sirènes hurlantes, gyrophares allumés. Il y avait déjà un attroupement. Tous les véhicules qui passaient sur la route s'étaient arrêtés pour regarder le triste spectacle.

Une femme et ses enfants se tenaient devant le monstre.

— Reculez, tout le monde, vite ! hurla un flic.

L'éléphant était encore vivant.

Ses flancs bougeaient à peine. Il avait du mal à respirer. Sa trompe battait le sol. La pauvre bête essayait en vain de se redresser.

Mais ses efforts ne servaient qu'à l'épuiser davantage. Il retomba sur la route, puis ne bougea plus du tout.

— Maman, maman, fit un petit garçon. Est-ce qu'y fait dodo, le néléphant ?

Sa mère avait les larmes aux yeux.

— Oui, mon chéri, il va faire dodo.

Mais la sœur du petit garçon était suffisamment grande pour pouvoir comprendre ce qui se passait.

Elle regarda l'animal longuement.

Puis éclata en sanglots.

CHAPITRE 2

Les médias firent leurs gros titres sur cette histoire.

Un présentateur radio crut même bon de spécifier :

— C'était un éléphant privé du sens de l'orientation, il cherchait son cimetière ancestral aux USA !

Un journal titra :

MIEUX QUE DUMBO.
UN VÉRITABLE ÉLÉPHANT S'ENVOLE...
ET S'ÉCRASE !

La police examina le dossier : un éléphant en liberté, des dégâts partout. Tout cela n'avait aucun sens. Ils classèrent l'affaire. Encore une histoire sans queue ni tête. La police avait mieux à faire que d'essayer de comprendre comment un animal était mort, quand tant de criminels étaient en liberté dans les rues.

Loin des yeux, loin du cerveau. On enterra le dossier et personne n'y pensa plus.

Mais ce qui constituait une affaire classée pour la police ne l'était pas pour le F.B.I.

De nouveau, les affaires non classées...

C'étaient des dossiers qu'on gardait dans une salle top secret au dernier étage du Q.G. du F.B.I. à Washington, D.C.

Ces dossiers contenaient tous les documents afférents à des enquêtes provenant de tous les Etats du pays. Il s'agissait de cas inexplicables et inexpliqués, des histoires que le F.B.I. aurait bien voulu pouvoir oublier.

Le F.B.I..., mis à part deux agents qui ne voulaient pas laisser ces dossiers sans suite.

— A quelle heure est le prochain vol pour l'Idaho ? demanda l'agent spécial Fox Mulder à l'agent spécial Dana Scully.

— Il y a un vol pour les lève-tôt à trois heures du matin, direction la ville de Boise, répondit-elle. Nous pourrons louer une voiture là-bas et aller jusqu'à Fairfield par la route.

— Dans ce cas allons-y, on fonce !

— Je suis prête. J'ai toujours su que tu ne pouvais pas résister au cri de l'éléphant, le soir, sur l'autoroute.

Mulder lui lança un sourire moqueur. Elle haussa les sourcils. Dana avait changé d'opinion au sujet de Fox depuis qu'elle faisait équipe avec lui.

Au départ, elle pensait que c'était un doux dingue. C'était ce que tout le monde croyait au F.B.I. où on le surnommait Mulder le Martien.

Et puis elle avait peu à peu compris et presque adopté le point de vue de Fox. Elle avait appris à douter, et avait eu maintes fois l'occasion de constater par elle-même qu'il existe des phénomènes inexplicables par la science moderne.

Dana Scully savait que seuls les fous, les imbéciles et les hypocrites pouvaient fermer les yeux sur certains événements.

— Bon, au moins maintenant je sais où vont mes impôts ! fit Stan Weitz, shérif du comté de Camus. Je n'arrive pas à croire que le F.B.I. envoie par avion deux agents pour enquêter sur la mort d'un éléphant ! C'est un truc sans queue ni trompe cette histoire !

Mulder et Scully étaient assis en face de lui dans son bureau. Fox laissa le shérif finir ses fines plaisanteries et se dit que, s'il avait le temps, il éditerait un petit recueil : « *Les Mille Meilleures Blagues sur les éléphants* ». Il ferait fortune rapidement.

Mulder regarda sa montre ostensiblement.

— Shérif, puisque vous vous inquiétez de la façon dont on dépense l'argent du contribuable, pourquoi ne nous mettons-nous pas au travail immédiatement ?

Weitz fit signe qu'il était d'accord.

— O.K., on s'y colle. Je suppose que vous voulez lire le rapport officiel. Je vais aller le chercher.

Scully l'arrêta :

— Nous avons déjà le dossier, merci. Une copie a été envoyée au F.B.I. C'est grâce à ce système et à notre réseau d'ordinateurs reliés à ceux de la police que nous pouvons agir aussi rapidement sur des cas... urgents.

Le shérif fit la moue.

— Oui, j'oubliais. Mon équipe m'avait raconté un truc à ce sujet. Vous savez, moi, la technique, l'informatique, je n'y comprends rien. Je préfère les bonnes vieilles méthodes policières. Un ordinateur n'a jamais arrêté de criminels, tandis que mon colt et ma bagnole, si !

— Tout à fait d'accord, sourit Mulder. Justement, pourquoi ne nous emmenez-vous pas sur les lieux, là où les phénomènes étranges ont commencé ?

— Comme vous voulez, mais vous ne trouverez là-bas rien de plus que ce que j'y ai découvert, c'est-à-dire que dalle !

Ils quittèrent le poste de police de Fairfield et montèrent à bord de la voiture du flic. La banque se trouvait à cinq minutes de là. On n'avait pas encore remplacé la vitrine. Des badauds s'étaient regroupés et regardaient, bouche bée, le trou dans la grande plaque de verre. Fairfield n'était pas le genre de ville où des choses inexplicables se passent. En fait, il ne se passait jamais rien dans ce bled. Un feu rouge en panne devait faire la une des feuilles de chou du coin.

Deux Latinos habillés en uniforme d'une compagnie de nettoyage se tenaient devant le building. Le plus grand devait avoir une cinquantaine d'années, l'autre environ vingt-cinq ans. Ces deux hommes avaient pourtant un point commun : ils étaient terrorisés, cela se voyait.

— C'est moi qui ai demandé à ces deux personnes de venir, expliqua le shérif. Quand j'ai reçu le fax annonçant votre arrivée, je me suis dit que vous voudriez sûrement rencontrer les témoins de... du... enfin, de ce qui s'est passé.

Mulder se tourna vers Scully :

— Tu te charges de les interroger, je vais jeter un coup d'œil à l'intérieur de la banque.

— D'accord.

Avant de descendre de la voiture, elle se tourna vers Weitz et lui dit :

— Merci mille fois de votre coopération, shérif, nous apprécions beaucoup. Vous avez sûrement beaucoup d'autres choses à faire que de jouer le rôle de chauffeur pour le F.B.I.

— Je vous souhaite bien du plaisir. Personnellement, je n'ai rien compris à cette histoire, et je ne m'occupe pas des affaires d'éléphants en folie !

Il la salua de la main et fit demi-tour avec sa voiture.

Dana regarda le véhicule disparaître au coin de la rue.

Elle se tourna alors vers les Latinos. Ils avaient l'air beaucoup plus détendus. Apparemment, ils n'aimaient pas trop que la police s'intéresse à eux.

— Comment vous appelez-vous ? demanda Scully.

— Francisco Garcia, et voici mon neveu Roberto, répondit le plus âgé des deux hommes. Mademoiselle, je vous jure devant Dieu que nous n'avons pas cassé la glace. Nous sommes de bons travailleurs, nous faisons toujours attention à ne rien casser. Nous ne faisons rien de mal, nous respectons toutes les lois. Nous voulons devenir de bons Américains. Nous avons demandé à être naturalisés.

S'ils disaient « nous » une fois de plus, Dana allait piquer une crise. Elle sourit gentiment :

— Vous n'avez rien à craindre. Nous savons que vous n'êtes que des témoins. Je voudrais simplement savoir ce que vous avez vu exactement quand la vitre a explosé.

— Nous n'avons rien vu, fit Francisco.

— Non, rien du tout, confirma Roberto.

— Il n'y avait personne dehors ? demanda Scully.

— Non, répondit Roberto. Je suis allé voir, mais il n'y avait personne dans la rue.

— Vous n'avez rien entendu ?

Francisco fronça les sourcils :

— Si, nous avons entendu quelque chose.

Roberto s'avança :

— C'était comme le tonnerre. D'abord, c'était très fort, et puis ça a diminué.

Scully nota ce qu'ils disaient sur son calepin.

— Vous n'avez rien remarqué d'autre ?

Les deux hommes secouèrent la tête.

— Non.

Elle attendit pour voir s'ils se souvenaient d'autre chose. Il arrivait parfois que, pendant un interrogatoire, un témoin se rappelle soudain un petit détail utile.

— Je vous remercie de votre coopération, fit-elle en voyant qu'ils ne diraient rien de plus.

— Vous êtes de la police ? demanda Francisco.

Dana faillit faire la grimace avant d'admettre que oui :

— Si on veut. Techniquement je ne relève pas de la même autorité. Je suis du F.B.I.

— Rien ne va nous arriver... s'il vous plaît ? gémit Francisco.

Scully le rassura.

— Non, rien ne va vous arriver.

— Merci beaucoup.

Les deux hommes s'éloignèrent aussi vite qu'ils le pouvaient. Ils avaient dû apprendre dans leur pays que, moins on avait affaire à la police, moins on risquait d'avoir d'ennuis. Dana trouva cela très triste.

Mulder réapparut.

— Rien de spécial à l'intérieur. Il y a du verre brisé partout, c'est tout. Est-ce que tu as réussi à apprendre quelque chose d'intéressant en interrogeant les deux témoins ?

— Ils disent n'avoir rien vu. Mais ils ont entendu un bruit qu'ils n'ont pas pu identifier. Je pense qu'ils disent la vérité.

— Je suis certain qu'ils sont sincères. J'ai vérifié les enregistrements des caméras de sécurité de la banque. Rien. La vitre a explosé vers l'intérieur du bâtiment, comme ça, sans prévenir. On aurait dit qu'une onde de choc venant de l'extérieur l'avait touchée.

Dana soupira.

— Donc nous n'avons pas la moindre piste.

— Et alors ? Nous avons l'habitude, ma chère Scully, non ? Nous sommes sur une affaire non classée, ce n'est pas la première fois. C'est justement ce qu'il y a d'amusant dans ce genre de cas : il faut trouver les pièces du puzzle qui manquent.

— C'est ça. Dans le cas présent, j'ai l'impression que c'est la totalité des pièces qu'il va falloir découvrir !

— Ne sois pas pessimiste. Nous devons étudier ce cas et comprendre peu à peu de quoi il retourne.

CHAPITRE 3

Scully regarda son calepin.

— D'après le rapport de police, les dégâts se situent tout le long de cette rue.

— Allons donc dans la rue.

Avant de suivre Fox, Dana regarda une dernière fois le trou dans la vitrine.

— Tu sais, ce bruit que décrivent les deux témoins, cela pourrait n'être qu'un bang supersonique.

Mulder indiqua une voiture, plus loin, le long du trottoir. Le véhicule était écrabouillé.

— C'est ça, Scully, et depuis quand les ondes sonores écrasent-elles les bagnoles, hein ?

La vision était terrifiante. Le coffre était complètement enfoncé, un des côtés — portière et carrosserie — était arraché. Juste à côté de la malheureuse voiture, se trouvait un panneau de signalisation. La tige d'acier qui le soutenait était pliée en deux comme un morceau de guimauve tiède.

— Et regarde ça, ajouta Mulder tandis qu'ils passaient devant un kiosque à journaux réduit en miettes.

— D'accord, oublie ce que j'ai dit, soupira Scully. Il ne peut pas s'agir d'un bang.

— Je pense que cette photo va te donner quelques idées.

Fox lui passa un cliché qui avait été faxé au Q.G. du F.B.I. avec le rapport de police.

Dana avait déjà vu le cliché, mais elle y jeta de nouveau un coup d'œil pour se rafraîchir la mémoire. Regarder un cadavre, même sur papier glacé, n'était jamais très agréable.

— Tu te souviens de ce que dit le dossier, fit Mulder. Cet homme a eu la colonne vertébrale brisée comme un vulgaire cure-dent ! Quant à l'ecchymose sur son corps, elle présente à peu près la forme et la taille de la patte d'un éléphant. Les types qui se trouvaient sur place lorsque le drame est arrivé disent avoir senti le sol trembler. Certains d'entre eux ont même remarqué une odeur animale qui flottait dans l'air.

Dana secoua la tête.

— Je sais où tu veux en venir. Tu penses que l'éléphant est responsable de tous les dégâts. Mais si c'était le cas, quelqu'un l'aurait vu. Il est impossible de ne pas voir un éléphant ! Cela défie la logique, un éléphant est une masse énorme !

— Si cette affaire ne défiait pas la logique, nous ne serions pas ici, sourit Mulder.

Dana lui répondit par une grimace. Elle préférait se faire sa propre opinion plutôt que de suivre aveuglément les théories souvent irrationnelles de son associé.

Elle examina la voiture écrasée, le panneau de signalisation tordu, le kiosque.

Mulder la suivit.

— Scully, si un véhicule avait été responsable de toute cette pagaille, il aurait laissé des traces. On trouverait des écailles de peinture, des rayures d'origine métallique. Je ne vois rien de tel. Et toi ?

Elle soupira.

Fox continua sur sa lancée :

— Evidemment, on peut pencher pour une tornade. Je sais que ce n'est pas la saison, dit-il, mais c'est une possibilité. On peut également envisager qu'un trou noir tombé de l'espace soit passé dans cette rue, mais ce n'est pas la saison pour les trous noirs non plus...

Il s'arrêta. Dana le fusillait du regard.

— Où veux-tu en venir, Mulder ? demanda-t-elle.

Il haussa les épaules.

— Si je devais prendre des paris, je miserais...

— ... sur l'éléphant invisible ?

— C'est toi qui as prononcé ces mots, Scully, pas moi !

— Je sais comment tu raisonnes, Mulder. Je suis capable de deviner tes pensées, tu n'as pas encore compris ?

— Tu te souviens de la fois où le magicien David Copperfield a fait disparaître la statue de la Liberté ? J'imagine que faire disparaître un pauvre petit éléphant serait un jeu d'enfant pour une personne possédant le matériel adéquat.

— C'est ça, Mulder. Un magicien est venu à Fairfield avec des miroirs et des machines à fumée !

— Peut-être pas un magicien, et peut-être qu'on ne s'est pas servi de miroirs. Mais je pense que quelqu'un avec un équipement...

Il ne termina pas sa phrase.

Un énorme camion apparut au tournant de la rue.

Sur les flancs du véhicule étaient peints la silhouette d'un tigre en train de sauter à travers un cerceau et les mots :

ZOO DE FAIRFIELD.

Le camion s'arrêta et un homme en uniforme d'employé du zoo descendit. C'était un gros bonhomme. Le peu de cheveux qui lui restaient tiraient sur le poivre et sel. Il s'avança vers Scully et Mulder d'un pas ferme et avec un air agressif.

— Agent Mulder ? demanda-t-il.

— C'est moi.

— Je m'appelle Ed Meecham. Je travaille au zoo de Fairfield. J'ai bien reçu votre fax me demandant de venir vous voir. Je viens de rencontrer le shérif, c'est lui qui m'a dit que je pourrais vous trouver ici. Désolé d'être un peu en retard. Mais on a eu du mal à transporter le corps de Ganesha, ce matin.

— Voici l'agent Scully, fit Mulder.

Meecham la salua d'un mouvement de la tête.

Curieux comme les gens avaient du mal à se faire à l'idée qu'une femme pouvait être un agent du F.B.I., même une femme à l'air aussi intello que Dana, se dit Fox. Il fallait toujours la présenter. Peut-être que la plupart des hommes étaient de sales machistes sans même s'en rendre compte. Voilà qui était inquiétant !

Meecham se tourna de nouveau vers Mulder pour lui poser une question, mais Scully l'arrêta en lui demandant :

— Est-ce qu'on a déterminé de quoi il est mort ?

— C'est « elle », pas « il » ! s'exclama Meecham, apparemment choqué. Ganesha était une femelle. Une éléphante indienne de vingt ans. D'après moi, la pauvre bête est morte d'épuisement. Elle a couru jusqu'à n'en plus pouvoir.

— Comment s'est-elle échappée du zoo ?

Le gros homme fronça les sourcils.

— Ma foi, voilà un mystère, en effet. Quand on m'a appelé pour me dire qu'on l'avait trouvée sur l'autoroute, je suis allé voir sa cage. Je m'attendais à trouver la porte ouverte. Mais non, les verrous étaient en place. Tout était exactement comme je l'avais laissé la veille.

— Comment une éléphante peut-elle bien sortir d'une cage fermée à double tour... murmura Mulder.

— Aucune idée, fit Meecham. Apparemment, personne n'a touché aux verrous sur la porte.

Dana et Fox échangèrent un regard.

Pendant ce temps, Ed se rendait soudain compte de l'état de la rue autour de lui. Il se gratta la tête.

— Quel bordel ! Pourquoi est-ce que les services de la voirie n'ont pas encore balayé tout ça ?

— Parce que nous avons demandé que tout reste en l'état jusqu'à notre arrivée, fit Mulder.

Meecham haussa les épaules.

— Vous connaissez votre boulot, vous savez ce que vous faites. Moi, mon truc, c'est les animaux. Ça fait trente ans que je travaille pour le zoo.

— Vous connaissez bien les éléphants ?

— Je connais toutes les bestioles du zoo, c'est mon boulot.

— Dans ce cas, vous allez peut-être pouvoir nous aider, sourit Fox.

— Si je peux...

Mulder se tourna vers lui :

— J'ai récemment lu un article où il était question d'une *rébellion des éléphants*. Il semblerait que dans tout le pays les pachydermes se soient donné le mot. Ils se comportent d'une manière agressive, se révoltent littéralement. Certains ont même agressé leurs gardiens ou se sont jetés sur les murs de leur cage. Est-ce que Ganesha vous a déjà posé ce genre de problème ?

Meecham prit un air dur :

— Les « pachydermes », comme vous dites, sont des animaux puissants et caractériels.

Mulder attendit en silence, pensant qu'il allait ajouter quelque chose. Mais Ed ne dit rien de plus.

— Donc, je dois comprendre qu'elle vous a posé des problèmes, monsieur Meecham ?

— Ce n'est pas à moi qu'il faut poser la question, agent Mulder. C'est à Willa Ambrose.

Scully nota immédiatement le nom sur son calepin.

— Ambrose ? répéta-t-elle. Est-ce que c'est une personne qui travaille au zoo ?

Meecham ricana.

— Ouais, exact. C'est une spécialiste en comportement animal. Le comité directeur du zoo l'a engagée l'an dernier.

— En quoi consiste son travail ?

— Elle est supposée transformer notre vieux zoo en un zoo moderne. Vous connaissez toutes les conneries à la mode aujourd'hui ? C'est elle le boss, maintenant, mais à mon avis, elle n'a jamais mis les pieds dans un zoo avant d'arriver ici. Et pour ce qui est des animaux et de son diplôme, je suis sûr qu'elle n'avait jamais vu un éléphant ailleurs que dans un livre. A moins, bien entendu, qu'elle n'ait des documentaires du *National Geographic* en cassettes vidéo !

— Et vous, fit Mulder, vous vous y connaissez réellement en animaux sauvages ?

— Tu parles si je m'y connais, c'est toute ma vie !

— Et les éléphants ?

— Je sais tout ce qu'il y a à savoir au sujet des éléphants.

Mulder se rapprocha de lui :

— Dans ce cas, j'aimerais avoir votre opinion. Regardez bien cette rue. Vous voyez tous les dégâts ? Est-ce que vous pensez qu'ils ont pu être causés par un éléphant ?

— Vous voulez mon opinion ? Je dirais que oui.

— Vous en êtes certain ?

— Ouais.

— Merci.

Mulder fit un clin d'œil à Scully, histoire de bien lui faire remarquer qu'il avait eu une fois de plus raison.

Meecham regarda sa montre.

— Faut que je file. C'est l'heure du repas des animaux. Vous savez où me trouver en cas de besoin. « *Vous Zici je vous croyais Zau zoo* »..., me faites pas cette blague, c'est moi qui l'ai inventée !

— Nous vous remercions de votre aide, monsieur Meecham, sourit Fox. Je pense que nous aurons sûrement d'autres questions à vous poser plus tard. Vous savez... des questions auxquelles cette madame Ambrose ne saurait pas répondre...

— O.K., pas de problème.

Mulder attendit que Meecham soit remonté dans son camion et ait démarré. Puis il se mit à quatre pattes par terre et commença à fouiller parmi les papiers qui traînaient dans ce qui restait du misérable kiosque à journaux.

— On peut savoir ce que tu cherches ? demanda Scully, les poings sur les hanches.

— Je cherche un journal régional, répondit Fox sans la regarder. Je veux savoir si David Copperfield joue dans le coin en ce moment.

CHAPITRE 4

— On ne peut pas dire que ce soit la foule des grands jours, soupira Scully en regardant autour d'elle.

Le zoo était quasiment désert. Mulder haussa les épaules.

— Nous sommes un jour de semaine. Peut-être que le week-end, il y a plus de monde.

— Je l'espère. Ce zoo est plutôt sympa. J'ai horreur des zoos sinistres où les animaux ont l'air si sales et malheureux. Ce genre d'endroit est réellement lugubre.

— Ouais, il faudrait mettre les gardiens derrière les barreaux pour mauvais traitements à animaux.

Le zoo de Fairfield était bien tenu. Les cages étaient grandes et propres. Les espaces entre les enclos étaient décorés : rochers, pelouses, petits plans d'eau. La personne qui avait conçu cet endroit avait essayé de lui donner un air « naturel », de faire oublier aux visiteurs qu'ils se trouvaient en plein cœur d'une grande ville.

Les bêtes étaient toutes apparemment en bonne

santé, bien nourries, le poil luisant. Mulder et Scully se promenèrent dans les allées, à la recherche d'un responsable du zoo. Ils en profitèrent pour admirer les lions, les panthères et les pythons. On trouvait aussi des flamants roses, des phoques, et même des rhinocéros et des chacals.

Scully s'appuya sur une rambarde devant une des cages et regarda un tigre du Bengale qui tournait en rond dans son enclos. Ses muscles se mouvaient sous sa fourrure. Lorsqu'il aperçut Dana, il ouvrit la gueule et feula. Puis il grogna comme pour lui signifier son dédain, et continua son petit manège.

— Quel superbe animal, fit Scully. Cela me rappelle le poème de William Blake :

Tigre ! Tigre ! brûlant et vif
Dans les ténèbres de la forêt.

— Beau, très beau, je suis d'accord, remarqua Mulder, mais je trouve aussi cela un peu triste.

— Tu as sûrement raison, c'est sans doute pour cette raison que je me sens toujours un peu mal à l'aise dans les zoos. Regarde ce tigre. On voit bien que quelque chose ne va pas chez lui. Il tourne en rond comme un malade mental dans sa chambre capitonnée. As-tu remarqué la façon dont il regarde dans le lointain quand il s'arrête de tourner sur lui-même ? C'est le même problème avec tous les animaux de tous les zoos du monde. Ils n'ont pas assez d'espace vital.

— Je connais beaucoup de gens qui ressentent la même chose que toi. Il y a beaucoup de mouvements et d'associations qui se sont formés ces dernières années et qui militent contre les zoos.

Le tigre s'arrêta de tourner, et rugit de nouveau en regardant Dana. Ses crocs étaient superbes et particulièrement impressionnants.

— Cela dit, bredouilla Scully en reculant, quand je vois cette mâchoire, je me dis que les barreaux ont tout de même du bon.

Mulder repéra soudain un vieil homme en uniforme vert qui se tenait plus loin dans l'allée.

Il alla vers lui.

— Bonjour, je cherche Willa Ambrose. Il n'y a pas grand-monde aujourd'hui, dites donc. Je crois que vous êtes le premier garde que je vois depuis que je suis arrivé dans le zoo.

Le vieil homme secoua la tête.

— Nous ne sommes plus très nombreux à travailler ici, mon bon monsieur. Il y a eu des réductions de budget, cette année. Ça fait trente ans que je travaille ici, et je sais qu'on peut me mettre à la porte d'un jour à l'autre. Le zoo a des problèmes financiers.

Le bonhomme se gratta la tête.

— Vous disiez que vous vouliez contacter Willa Ambrose ? Je l'ai vue il y a un petit moment, je crois qu'elle était dans la section des oiseaux, à côté des ours polaires. Allez voir si elle y est encore.

— Merci, dit Mulder.

Il alla vers Scully et lui glissa :

— Je crois que les Homo sapiens sapiens du coin ont eux aussi leur propres problèmes.

— L'impression d'être dans une cage ? Un mal moderne, mon cher Mulder.

Ils remontèrent l'allée et dépassèrent un enclos abritant des ours. Ces animaux avaient pour eux seuls un petit lac qui leur permettait de se protéger de la chaleur du soleil.

Un peu plus loin se trouvait une petite maison de bois marquée : *Oisellerie*.

Ils entrèrent. La maisonnette était assez spacieuse. Le plafond était haut. On l'avait décorée avec des plantes grimpantes. Scully regarda un perroquet au plumage resplendissant, et suivit Mulder. Les cris des oiseaux résonnaient autour d'eux.

Il n'y avait là qu'une seule personne, une jeune femme d'une trentaine d'années vêtue d'un jean usé et d'une chemise blanche froissée. Elle avait dans les bras une pile impressionnante de carnets et de livres. Mais elle ne semblait pas se soucier de son chargement. Ses yeux étaient fixés sur les oiseaux qu'elle regardait avec une affection évidente.

— Willa Ambrose ? demanda Scully.

— Oui, c'est moi, que puis-je faire pour vous ? répondit la jeune femme en souriant.

— Je suis l'agent spécial Dana Scully et voici l'agent spécial Fox Mulder. Nous sommes du F.B.I.

Miss Ambrose changea de visage et son sourire disparut.

— Le F.B.I ?

— Nous aimerions vous poser quelques questions.

— C'est au sujet de Ganesha, c'est ça ?

Mulder répondit :

— Oui. Nous avons déjà parlé avec monsieur Meecham. Il travaille ici, je crois.

— Oui, c'est mon chef des opérations.

— Il semblait ne pas avoir envie de répondre à certaines questions. Il nous a dit de venir vous voir.

Willa haussa les sourcils.

— Intéressant. Excusez-moi si j'ai été un peu impolie avec vous... (elle baissa les yeux)..., je ne m'attendais pas à recevoir la visite du F.B.I. Qu'est-ce que je peux faire pour vous aider?

— Un employé d'une compagnie de construction d'autoroutes a été tué, récemment, expliqua Scully. Il semble possible que votre éléphant ait eu quelque chose à voir avec ce drame.

Willa fronça les sourcils.

— J'ai entendu parler de cette histoire. D'après ce que je sais, aucun des témoins n'a pu décrire ce qui a tué cet homme.

Scully regarda Mulder et lui fit signe que c'était à lui de jouer. Après tout, c'était lui qui avait eu l'idée de « l'éléphant invisible », pas elle! Dana comprenait parfaitement la réaction de Willa Ambrose : on ne peut pas ne pas voir un éléphant! Tout cela était grotesque.

Fox ne perdit pas de temps, et demanda immédiatement :

— Pour le moment, nous essayons de déterminer comment Ganesha a réussi à s'évader.

— Qu'est-ce que vous a raconté Ed Meecham? demanda Willa.

— Il nous a affirmé que la cage était fermée et cadenassée. Tout était comme il l'avait laissé.

La jeune femme haussa les épaules.

— Je n'ai rien à ajouter.

— Un homme a été piétiné et en est mort, insista Mulder. Il a été piétiné par un animal énorme. Et il se trouve qu'un éléphant de votre zoo a été retrouvé à trente kilomètres de là. Nous n'accusons personne, nous ne cherchons pas de responsable sur qui faire retomber le blâme. Nous voulons juste comprendre ce qui s'est passé.

— D'accord, fit Willa. Vous faites votre travail, je comprends. Je vais vous montrer la cage de Ganesha. Je pense que vous allez, vous aussi, comprendre beaucoup de choses.

La partie du zoo réservée aux gros animaux se trouvait un peu plus loin. La cage de Ganesha était un enclos en béton, minuscule, avec de gros barreaux rouillés. Un énorme cadenas et une chaîne maintenaient la grille fermée.

— Voilà où vivait Ganesha quand elle ne se trouvait pas dans l'enceinte de présentation aux visiteurs.

— Et où se trouve cette enceinte ? demanda Mulder.

— De l'autre côté de la porte en acier, là-bas, dans le mur. On l'emmenait faire un petit tour sous les yeux du public, et puis le soir, on l'enfermait de nouveau. L'enclos est très bien fait, c'est une reconstitution de l'habitat naturel de l'éléphant. Vous voulez le voir ?

— Non, merci, c'est la cage qui m'intéresse pour le moment. C'est bien d'ici que Ganesha s'est évadée, n'est-ce pas ?

— Apparemment.
— Qui possède la clé de ce cadenas ?
— Seulement moi et Meecham.
Willa allait ajouter quelque chose, mais elle remarqua que Scully regardait le haut de la grille qui ne montait pas jusqu'au plafond.
— Les éléphants ne sont pas très bons au saut en hauteur, agent Scully, si c'est à cela que vous pensez.
— En fait, rétorqua Dana, je me demandais pourquoi on mettait un aussi gros animal dans une cage aussi minuscule.
Miss Ambrose soupira.
— Ce zoo a été construit dans les années quarante, comme la plupart des zoos. Les cages sont trop petites et insalubres. C'est pour cela que j'ai été engagée. Je suis chargée de réorganiser le zoo tout entier, de rendre plus humains les espaces où vivent les animaux, si vous me passez l'expression. Mais il faut du temps pour arriver à concrétiser ce genre de projet.
Mulder montra du doigt deux grosses chaînes qui sortaient du sol.
— A quoi ça sert ? demanda-t-il.
Willa baissa les yeux comme si elle avait honte.
— Ce sont des chaînes, comme vous le voyez. On s'en sert pour empêcher l'animal de bouger.
— Vous voulez dire que Ganesha était entravée ?
Willa la regarda dans les yeux.
— Non ! J'ai interdit l'usage des chaînes dès mon arrivée ici.
— Qui les utilisait sur elle ?

— Ed Meecham, bien entendu. Il fait partie de la vieille école. Il n'est pas très... compréhensif avec les animaux.

— Vous ne vous entendez pas bien avec Meecham ? demanda Mulder en l'observant pour voir sa réaction.

Willa sourit.

— Je suis le patron, ici, et je suis une femme. Je crois qu'Ed n'apprécie pas trop la situation. Il n'aime pas non plus la façon dont je dirige ce zoo. Mais je me fous de ce qu'il pense.

— Est-ce qu'il vous déteste suffisamment pour commettre un sabotage ? demanda Scully. Est-ce qu'il vous hait suffisamment pour ouvrir la porte à un éléphant, par exemple ?

Willa ne répondit pas.

Dans le lointain, le tigre poussa un rauquement.

CHAPITRE 5

Finalement, Willa secoua la tête d'un air navré.

— Je sais qu'Ed ne m'aime pas beaucoup. Il n'approuve pas non plus la vision que j'ai du zoo moderne idéal. Mais je ne le vois pas faire un truc pareil. Il aime son travail. Le zoo a de gros problèmes financiers. La ville est en train de nous couper ses subventions, et nous allons avoir besoin de fonds privés pour pouvoir continuer à exister. Le moindre scandale pourrait nous faire un tort immense. Personne ne voudrait plus nous aider. Le zoo cesserait d'exister.

— Est-ce que vous avez eu l'occasion de discuter avec Meecham de l'escapade de votre éléphant ? demanda Mulder. Est-ce qu'il a la moindre idée de la façon dont Ganesha a pu sortir de sa cage sans que les portes soient ouvertes ?

— Non, nous n'en avons pas parlé. Ed et moi ne sommes pas exactement des copains. Nous nous adressons à peine la parole. Et puis, Ed est suffisamment occupé comme ça. Il passe beaucoup de temps à lutter contre l'O.V.S.

— L'O.V.S. ? répéta Scully.

— L'Organisation pour la Vie Sauvage, expliqua Mulder.

Dana soupira. Evidemment, Mulder connaissait ces initiales ! Il ne devait pas y avoir une seule organisation ou un seul groupuscule vaseux sur la planète (ou dans l'univers, d'ailleurs) que ce cher Fox ne connaisse pas. Il était une encyclopédie de l'étrange à lui tout seul.

— Et qui sont exactement les gens de l'O.V.S. ? demanda-t-elle patiemment.

— C'est une association qui considère que détenir un animal sauvage en captivité est un crime, répondit Mulder. Ils pensent que ce crime est si horrible qu'ils ont le droit et le devoir d'ignorer les lois et la justice humaines pour arriver à leurs fins.

— La mort de Ganesha va leur permettre de triompher, commenta Willa. En fait, ils ont déjà commencé à profiter de l'aubaine. Leur leader a installé un petit stand sur le bord de la route, là où l'employé de la société de construction de l'autoroute a été tué. Il distribue des pamphlets et des tracts à tout le monde.

— Vous le connaissez ? fit Mulder.

— C'est un nommé Kyle Lang.

Scully crut discerner un léger tremblement dans la voix de Willa, une légère réticence, comme si elle hésitait à prononcer ce nom.

— Est-ce que vous le connaissez personnellement ?

— C'est-à-dire, agent Scully...

Willa se passa la langue sur les lèvres.

— ... nous avons déjà eu quelques... échanges.

— Quel genre d'homme est-il ?

— Il est entièrement dévoué à sa cause. Il voit tout en noir et blanc. Pas de gris. Si vous n'êtes pas un de ses alliés, alors vous êtes un de ses ennemis. Il... (elle hésita de nouveau)... il est très... mais vous feriez mieux de le voir vous-mêmes pour vous faire une opinion.

Derrière eux, au loin, le tigre feula de nouveau.

— Il faut que j'aille voir ce qui se passe, fit la jeune femme. Certains visiteurs ont la fâcheuse habitude d'énerver le tigre, histoire de le voir s'agiter. J'essaie d'éduquer les gens, de leur expliquer qu'il ne faut pas être cruel, mais c'est difficile. Il y a beaucoup à faire dans ce domaine. Ce monde est loin d'être parfait, mais c'est le seul que nous ayons, alors il faut continuer notre travail et tenter de l'améliorer.

Mulder et Scully la regardèrent s'éloigner en direction de la cage du tigre du Bengale.

— Elle semble aimer son travail, dit Scully. Cette femme doit faire face à d'énormes problèmes : coupes de budget, installations insalubres, collègue aux techniques rétrogrades, et en prime ce nommé Kyle Lang. J'ai eu l'impression que c'est lui qui lui posaient le plus de problèmes. Je me demande pourquoi.

— Suivons le conseil de Willa. Allons voir ce Lang. Nous pourrons toujours prendre un de ses prospectus et lire sa prose.

— D'accord, Mulder. Mais appelons d'abord Washington. Je veux savoir si nous avons un dossier sur lui. Je ne sais pas pourquoi, mais j'ai l'intuition que miss Ambrose ne nous a pas dit tout ce qu'elle savait au sujet de cette personne.

— Tu sais, ce qu'il y a dans un dossier à Washington est une chose, et la réalité en est une autre.

Kyle Lang se tenait au bord de la route encore partiellement en construction, un paquet de tracts à la main. Il s'était installé exactement là où Ray Hines avait été mystérieusement tué.

Lang était un homme grand et mince. Il portait une chemise de flanelle, un jeans. Tout dans son allure indiquait qu'il était sûr de lui et de ses droits.

Scully et Mulder descendirent de leur voiture et se dirigèrent vers lui. Il leur sourit et se précipita pour leur tendre un tract.

Mulder mit le papier dans la poche de sa veste.

— Merci, fit-il, nous le lirons plus tard. Pour le moment, nous aimerions vous parler, à vous ainsi qu'à votre ami là-bas.

Fox indiqua un jeune rouquin appuyé contre la porte de la camionnette garée en contrebas de la route. Il n'avait pas vingt ans, et à voir son expression et le feu dans son regard, il avait dû passer toute sa vie à être en colère.

— Qui êtes-vous ? demanda Kyle.

— F.B.I. ; agent spécial Fox Mulder, et voici ma coéquipière Dana Scully.

Fox s'attendait à une réaction de la part de Lang. La plupart des gens réagissaient avec étonnement, voire avec peur, lorsqu'ils apprenaient qu'ils appartenaient au F.B.I. Mais Kyle ne broncha pas. Il eut même l'air amusé.

— Vous venez enquêter sur les lieux du crime? sourit-il. Je crois que vous vous êtes trompés d'endroit. Le lieu du véritable crime c'est le zoo municipal!

— Nous nous y sommes déjà rendus.

— Dans ce cas, vous avez vu la cage dans laquelle Ganesha était enfermée. Trois mètres sur trois, pour un éléphant!

— Vous considérez cela comme inadmissible? demanda Scully.

— Je considère cela comme criminel, rétorqua Kyle qui ne souriait plus du tout. Imaginez ce que serait votre vie si vous étiez enfermée dans un placard!

— Puisque nous en sommes à parler de crimes, continua Scully sur le même ton calme qu'auparavant, le F.B.I. a un dossier sur vous. Vous avez été arrêté une bonne douzaine de fois pour avoir kidnappé des animaux dans des cirques et dans des zoos.

— Nous appelons ça des libérations.

— Est-ce que vous êtes responsable de la « libération » de Ganesha?

— Je vois où vous voulez en venir, agent Scully. Cela ferait de moi un complice de meurtre, non?

Un long silence.

Kyle haussa les épaules.

— Désolé, madame et monsieur les agents du F.B.I., mais je ne peux pas vous aider. Nous luttons pour les animaux, il n'est donc pas dans notre politique de mettre leur vie en danger de quelque manière que ce soit. Les éléphants représentent tout ce pour quoi l'O.V.S. se bat. Ce sont des êtres doués d'intelligence et de conscience.

— Ah bon ? lança Mulder d'un ton agressif. Je ne l'aurais jamais cru. Les éléphants me font rire. Ils ont une démarche si grotesque.

Scully comprit tout de suite à quoi Fox jouait. Il provoquait Kyle pour le faire sortir de ses gonds. Les suspects révélaient parfois des choses bien intéressantes sous le coup de la colère.

Dana prit le même ton que lui pour ajouter :

— Oui, les éléphants sont malins, bien sûr, ils savent apprendre des tours, mais ils ne font cela que pour avoir quelques cacahouètes. Ce sont de gros animaux, sans plus.

Mais Kyle ne s'énerva pas. Au contraire, il prit un ton patient de maître d'école pour leur répondre :

— Vous vous trompez. Les éléphants sont des animaux très gentils. Ils ont le sens de l'humour, de la personnalité et ont un Q.I. élevé. Leur comportement social et leurs rituels sont millénaires. Leurs traditions sont beaucoup plus vieilles que les nôtres. Savez-vous qu'ils enterrent leurs morts ? Ils ont des cimetières vieux de plusieurs centaines d'années. Rendez-vous compte qu'un éléphant est capable de retrouver tout seul les ossements de ses ancêtres ! Et nous, les humains, ne savons pas du tout expliquer comment ils font cela.

Mulder sourit.

— Vous avez l'air de savoir beaucoup de choses sur les éléphants.

— J'aimerais en savoir encore plus, rétorqua Kyle. Je voudrais tout savoir sur tous les animaux. Plus on en apprend sur eux, plus on les aime.

— Est-ce que vous auriez une idée de la façon dont Ganesha a pu s'échapper ? demanda Fox. Où pouvait-elle aller, que fuyait-elle ?

— Vous voulez vraiment le savoir ?

— Nous sommes venus vous voir dans ce but.

— Dans ce cas, suivez-moi. Je vais vous montrer.

CHAPITRE 6

— Suivez notre camionnette, il y en a pour une demi-heure de route à peine.

— Où nous emmenez-vous, monsieur Kyle ?

— Voir la télé, agent Scully. L'éducation par la vidéo !

Lang se dirigea vers son véhicule, parla avec le rouquin, puis monta à bord avec lui et roula en direction de Fairfield.

Scully et Mulder le suivirent. C'était Scully qui conduisait. Parvenue à mi-chemin de la ville, elle alluma les phares. Le soleil se couchait.

Il faisait nuit noire lorsqu'ils arrivèrent à Fairfield. Kyle gara sa camionnette dans une rue d'un des quartiers les plus sinistres de la ville. Scully rangea la voiture juste à côté.

Ils suivirent Lang et le rouquin.

Kyle se dirigea vers un bâtiment délabré à deux étages. Le logo de l'O.V.S. était peint sur la façade. Le rouquin ouvrit la porte qui grinça sur ses gonds. Ils entrèrent.

— Bienvenue dans nos bureaux, fit Lang. Comme

vous le voyez, notre organisation ne roule pas exactement sur l'or.

Le bureau à proprement parler se trouvait au deuxième étage.

On découvrait de vieilles étagères, des bureaux bancals, des ordinateurs d'un autre âge, une imprimante, une vieille photocopieuse, des piles de livres, des posters et des tracts.

Dans un coin se trouvaient un poste de télévision et un magnétoscope en tout aussi mauvais état que le reste de l'équipement appartenant à l'organisation.

Kyle se précipita pour glisser une cassette dans le magnétoscope et annonça :

— Asseyez-vous, le spectacle commence. Il n'y a pas de bande-son. Je vais vous faire les commentaires moi-même. Mon copain, le jeune Red ici présent, nous fera même peut-être l'honneur de nous faire un commentaire ou deux. Mais j'en doute. Red ne croit pas aux paroles. Il ne croit qu'aux actions.

Mulder et Scully s'installèrent. Kyle mit en marche le magnétoscope.

Une image apparut dans le poste : un éléphant. Une de ses défenses était attachée au sol par une chaîne, forçant l'animal à se tenir à genoux. L'énorme bête était obligée de se tenir la tête contre le sol, tandis que deux gardiens le frappaient sur les pattes arrière avec de longs bâtons.

— Cette chaîne s'appelle une martingale, expliqua Kyle. C'est un des instruments de torture préférés d'Ed Meecham. Regardez comment il traite ces animaux majestueux. Et il prétend aimer les bêtes ! En fait, tout ce qu'il aime, c'est pouvoir les maltraiter pour avoir l'impression d'être le plus fort. Quelle ordure !

Kyle fit un arrêt sur image, puis se tourna vers eux.

— Vous vouliez savoir ce que Ganesha fuyait ? Regardez cet écran. Vous voulez savoir où elle se dirigeait ? Regardez dans un dictionnaire le sens du mot *liberté*.

— Est-ce qu'on traite encore aujourd'hui les animaux de cette façon, au zoo ? demanda Mulder.

— Meecham est un barbare, grogna Lang. Cela fait des années qu'il torture ainsi les animaux du zoo de Fairfield. Je suis sûr et certain qu'il continue en ce moment même son odieux manège.

Scully le regarda.

— Vous avez des preuves ?

Elle allait préciser sa question, mais elle croisa le regard de Red. Ses yeux exprimaient la colère, une colère froide. Dana frissonna malgré elle. Elle n'avait pas besoin de discuter avec ce jeune homme pour savoir qu'il était prêt à tout pour défendre la cause des animaux. Ce garçon était un fanatique, un homme capable de n'importe quoi.

— Nous allons obtenir des preuves, répondit Kyle. Ne vous en faites pas pour ça.

Mulder intervint :

— Peut-être que vous vous trompez. Willa Ambrose, qui est maintenant chargée de s'occuper du zoo, nous a dit qu'elle avait mis un terme aux agissements de Meecham.

Kyle éclata de rire.
— Willa Ambrose ? Avec tout le travail qu'elle a, comment pourrait-elle surveiller ce vieux salopard ?
— Tout le travail qu'elle a ? répéta Scully. Que voulez-vous dire ?
— Elle a un procès sur le dos.
— Un procès ? Contre qui ?
— Avec le gouvernement du Malawi en Afrique.
— Quelle est la nature du litige ?
— Sophie.
Scully haussa un sourcil :
— Sophie ? Qui est-ce ?
— Sophie est une femelle gorille, expliqua Kyle. Willa l'a trouvée dans une cage des entrepôts des douanes d'un pays d'Afrique du Nord voilà dix ans. Des trafiquants avaient essayé de la faire parvenir à un zoo en Europe. La pauvre Sophie était presque morte, tant elle avait été maltraitée. Willa l'a soignée comme son enfant et, avec beaucoup d'efforts, a réussi à la remettre d'aplomb. Mais aujourd'hui, le gouvernement du Malawi a retrouvé la trace de ce gorille et veut le récupérer. Ils ont créé une réserve naturelle et veulent que Sophie y vive. En fait, ce qu'ils cherchent, c'est une attraction pour touristes. Pas de chance pour Willa, elle est extrêmement attachée à ce gorille.
— Vous pensez que le Malawi va gagner le procès ? demanda Mulder.
Kyle haussa les épaules.
— Quelle importance ? D'une façon ou d'une autre, Sophie finira comme tous les autres animaux

qui tombent entre les mains de l'homme : elle servira pour leur plaisir, leur amusement.

— Vous venez de dire que Willa a sauvé cet animal, protesta Scully.

Kyle ricana.

— Sauvé ? Ouais, c'est ça, et ensuite elle l'a mis derrière des barreaux ! Le devoir de Willa était de rendre sa liberté à Sophie. Les gorilles sont des animaux faits pour vivre à l'état sauvage dans un large espace. Tous les animaux devraient être libres.

Dana commençait à trouver ce Kyle un peu agaçant. Se battre pour une bonne cause était une chose, mais vouloir être plus royaliste que le roi en était une autre. Elle lança :

— Est-ce que les animaux doivent être libres... même si cela implique qu'ils piétinent un homme et le tuent ?

Scully fit exprès de se tourner de façon à ne pas voir la réaction de Mulder. Après tout, la question qu'elle venait de poser sous-entendait qu'elle soupçonnait Ganesha d'être responsable de la mort de Ray Hines. Elle ne voulait pas voir la lueur de triomphe dans les yeux de Fox. Elle ne voulait pas qu'il lui fasse le petit signe habituel voulant dire : *j'avais une fois de plus raison !* Dana en avait assez de toujours finir par devoir se ranger aux opinions de Mulder.

— A mon avis, le type qui a été tué n'aurait pas dû se trouver sur le chemin de l'animal, répondit Lang sans se démonter.

Mulder croisa les bras.

— Je suis certain qu'il se serait écarté s'il l'avait vu venir.

Fox se leva et ajouta :

— Merci de nous avoir aidés, monsieur Kyle, ajouta-t-il. Nous vous tiendrons au courant.

Une fois dehors, Mulder confia à sa partenaire :

— Je crois que nous brûlons. Nous ne savons peut-être toujours pas ce qui se passe exactement, mais nous savons maintenant que cela se situe au zoo municipal.

— Et nous savons qui est derrière tout ça !

— Tu veux parler de l'ami Lang et de son organisation pour les animaux ? Tu crois sincèrement que c'est eux qui ont lâché l'éléphant dans la nature ?

Scully pouvait sentir que cette idée faisait rire Mulder. Elle soupira, agacée.

— Tu l'as entendu comme moi. Il a un credo simple : tous les animaux devraient être libres. Je m'en tiens à ce que nous savons. Les faits coïncident parfaitement avec ses théories.

— Mais comment expliques-tu le reste ? protesta Mulder. Comment expliques-tu ce que les témoins ont vu... ou plutôt n'ont pas vu... et les enregistrements des caméras de sécurité de la banque ? Comment se fait-il que personne n'ait vu l'éléphante avant qu'elle n'arrive à l'endroit où elle est morte ?

Dana repensa au rapport de la police qu'elle avait maintenant lu plusieurs fois. Puis elle répondit :

— Les lampes qui éclairaient la route en construction étaient des lampes au mercure particulièrement puissantes. Autrement dit, leur lumière était aveuglante. Il est donc possible qu'un homme se trouvant dans la zone qu'elles éclairaient ait pu avoir du mal à ajuster sa vision de façon à scruter les ténèbres. Quant aux caméras de la banque, comme toutes les caméras de sécurité, elles ont sûrement une faible résolution. L'éclairage de la rue devant la banque diffusait une pâle lumière. La nuit les éléphants sont gris, sans mauvais jeu de mots. Il est donc possible que Ganesha n'apparaisse pas sur l'enregistrement vidéo.

Mulder fit la moue. Il n'était pas convaincu par ses arguments, mais elle s'y attendait un peu.

— Ecoute, Scully, ce Kyle Lang est un beau parleur et son credo, comme tu dis, est imposant. Mais en fait, je crois que parler est tout ce qu'il sait faire.

Dana insista :

— Non, je suis certaine que ce sont des gens capables de passer à l'action. Kyle est le chef de l'Organisation pour la Vie Sauvage. Tu as entendu sa doctrine. Est-ce que tu as pris le temps de regarder le jeune Red ? Ce gamin serait capable de tuer sa propre mère pour sauver un chimpanzé ! Et je me permettrai de te faire remarquer qu'ils ont quand même de l'équipement sophistiqué malgré leur prétendu manque de moyens financiers. J'ai remarqué sur une table basse une caméra à infrarouge qui permet la vision de nuit.

— En parlant de vision de nuit... regarde.

Fox indiqua le haut du building.

Kyle et Red étaient à la fenêtre et les observaient. Ils avaient une expression dure et froide. Apparemment, les agents spéciaux du F.B.I. ne faisaient pas partie des espèces animales pour lesquelles ils ressentaient de la compassion.

Dès qu'ils eurent tourné le coin de la rue, Scully annonça :

— Mulder, j'ai l'intuition qu'ils vont essayer de maintenir la pression sur le zoo.

— En faisant quoi ?

— En libérant un autre animal. Tu as entendu comme moi Willa dire que le zoo avait des problèmes financiers, et qu'un autre scandale risquait de lui faire perdre tout crédit auprès des sponsors. Si le zoo fermait, l'O.V.S. danserait de joie dans les rues.

Mulder hocha la tête.

— Tu as peut-être raison. Surveille ces charmants jeunes gens; moi, j'ai quelque chose d'important à faire. Si tu as besoin de me contacter, appelle-moi sur mon téléphone portable.

— Où vas-tu ?

— Je vais interroger des animaux à deux pattes.

CHAPITRE 7

Ils s'appelaient respectivement Frohike, Byers, et Langley. Mais on les connaissait sous le nom des « Justiciers solitaires ». Ils adoraient révéler au grand jour les mensonges du gouvernement, montrer à tous ce qui aurait dû rester secret. Ils n'avaient pas de chef, pas d'organisation à proprement parler. Toute forme d'autorité leur était suspecte.

Les médias les décrivaient généralement comme des cinglés, des paranoïaques qui voyaient des conspirations, des mensonges et des complots partout.

Fox Mulder se tournait vers eux quand il avait besoin de renseignements qu'il ne pouvait pas obtenir par les voies officielles.

Cette fois-ci, il les appela depuis un centre de télécommunications multimédia du centre de Fairfield. Cet endroit était flambant neuf. Même ici, dans l'Idaho, les techniques de pointe gagnaient du terrain.

De l'autre côté de la paroi de verre, Mulder pouvait voir des étudiants qui s'affairaient à photocopier des documents. Personne ne semblait lui prêter attention. Il composa donc le numéro que les Justiciers solitaires lui avaient donné et s'installa devant le large écran vidéo.

Il y eut un flash sur l'écran, et l'image de deux hommes apparut.

— Bingo ! s'écria Fox.

Il avait devant lui Frohike, un grand type au crâne rasé, portant toujours un treillis usé et une montre d'un régiment de Marines. A côté de lui se trouvait Byers, petit bonhomme toujours tiré à quatre épingles et qui ressemblait plus à un courtier en assurances qu'à un chasseur de comploteurs et de nouvelles affaires telle celle du Watergate.

— Capitaine Kirk à monsieur Spock, téléportation ! fit Frohike d'un air très sérieux.

Toute conversation avec les Justiciers solitaires se devait de commencer par une phrase stupide et déplacée — sans doute pour troubler les éventuels sbires qui pouvaient les écouter.

Mulder savait comment s'y prendre avec eux.

— Mais tu sais que tu es télégénique, Frohike ? s'écria-t-il. Tu passes très bien à la télévision !

— Ouais, je suis photogénique aussi, c'est du moins ce que m'a dit le flic qui m'a tiré le portrait lors de ma dernière arrestation.

— Combien ça coûte aux contribuables, ce coup de téléphone en vidéo ? demanda Byers.

Mulder sourit.

— Cent cinquante dollars l'heure.

— Eh bien, mon salaud ! C'est presque aussi cher

qu'une coupe de cheveux à la Maison-Blanche. Mais c'est encore abordable comparé aux chiottes à bord de la navette spatiale. Je vais tout de même déduire ça de mes impôts !

Fox ne résista pas :

— Et depuis quand paies-tu tes impôts ?

Frohike secoua la tête :

— Désolé, secret défense ! Tu travailles pour le F.B.I, mec, je suis certain que tu me comprends.

— A propos, où est Langley, notre troisième pistolero au service de l'anarchie triomphante ? demanda Mulder.

— Il est là, répondit Byers. Mais il ne veut pas se mettre devant la caméra. Il ne veut pas que son image se balade dans les airs, d'un satellite à l'autre. On ne peut jamais savoir qui écoute et qui regarde. Il vaut mieux être prudent. Il espère que vous le comprendrez également.

Frohike se rapprocha de la caméra.

— Mais revenons à vous, Mulder, fit-il. Qu'est-ce que vous foutez dans l'Idaho ?

— Je boulonne. Que savez-vous de la ville de Fairfield ?

Byers ferma les yeux :

— Fairfield, Fairfield... voyons, voyons... pas d'usine d'armes bactériologiques, pas de base de missiles nucléaires, pas de dépôt d'ordures toxiques. Je sais qu'ils ont un joli petit zoo. Il s'y passe apparemment des drôles de choses. Des animaux en disparaissent sans laisser la moindre trace.

— J'essaie de déterminer qui est responsable des

disparitions et comment les animaux sortent du zoo.

— Fairfield n'est pas loin de la Mountain Home Air Base ! s'écria soudain Frohike, comme s'il venait d'avoir une idée géniale.

— Je ne vois pas le rapport, fit Mulder.

— C'est un centre d'où on guette les ovnis.

Byers se rapprocha aussi :

— Un détail bizarre, Mulder : aucun des animaux du zoo n'a jamais eu de petit.

— Pas le moindre ourson ou bébé chimpanzé, ajouta Frohike.

— Ouais, c'est vraiment bizarre, soupira Byers d'un air pensif. Mais je crois connaître quelqu'un qui pourrait vous renseigner.

— Qui ?

— La femme qui s'occupe actuellement du zoo possède un gorille femelle. Cette brave bête connaît le langage des signes. Elle a un vocabulaire d'un bon millier de mots. Mais ce qu'il y a de plus intéressant chez les gorilles, c'est que, contrairement aux humains, ils ne mentent jamais. Posez-lui des questions.

A cet instant précis, le téléphone cellulaire de Mulder sonna.

— Un instant, les gars, on m'appelle.

Frohike sourit de toutes ses dents :

— Ça doit être la charmante Scully. Informe-la que je vais régulièrement au gymnase, Mulder. Dis-lui que j'ai maintenant de beaux biceps !

— C'est ça, elle va sûrement être très intéressée, rétorqua Fox. Je crois que pour la draguer, tu ferais mieux de commencer par essayer de la convaincre que tu n'es pas un fou furieux comme elle le croit.

— Je te fais confiance, mec. Parle pour moi !

— Je mets ton cas sur ma liste des cœurs brisés, mais j'ai des priorités plus urgentes, ironisa Mulder. Si vous voulez bien m'excuser...

Scully entendit un bip. Fox avait ouvert son téléphone.

— Mulder, c'est moi, murmura-t-elle aussi doucement qu'elle le pouvait.

Elle se tenait dans une ruelle sombre et déserte juste à l'extérieur du zoo.

— Qu'est-ce qui se passe ? demanda Fox.

— J'avais raison ! J'ai suivi le gamin, le nommé Red. Il est au zoo !

— Red ? répéta Mulder.

— Qui d'autre ? Il est en train de sauter par-dessus le mur d'enceinte.

— Ne bouge pas, Dana, j'arrive tout de suite.

— Pas question, je vais le suivre à l'intérieur. Je veux voir ce qu'il fabrique.

— Mais...

Mulder ne finit pas sa phrase. Il connaissait bien Dana et savait qu'il était vain de vouloir la dissuader de faire quelque chose une fois qu'elle avait pris une décision : cette fille était une vraie tête de mule !

— Sois prudente, Dana, dit-il.

— Ne t'en fais pas.

Scully raccrocha.

Elle glissa le téléphone dans sa poche, puis alla

rapidement vers le zoo. Pour une fois, toutes ces heures qu'elle passait à l'entraînement, au gymnase, allaient lui servir à quelque chose !

Elle se hissa et passa de l'autre côté du mur.

L'intérieur du zoo était sombre. Dana mit plusieurs minutes avant de repérer Red. Il portait un gros sac à dos et se dirigeait vers les enclos des animaux. Il commença à escalader un des rochers artificiels.

Scully soupira : un vrai petit alpiniste !

Elle le suivit, s'accrocha avec les deux mains et tira sur ses bras.

Une main se referma autour de son épaule.

— Qu'est-ce que vous fabriquez ici ?

Dana faillit pousser un cri mais se retint juste à temps. Elle se retourna. c'était Ed Meecham. Il la regardait d'un air mauvais. Le bonhomme tenait à la main un bâton, et à voir son expression, il était d'humeur à s'en servir.

— Un membre de l'O.V.S vient de pénétrer dans le zoo, expliqua-t-elle.

Les yeux de Meecham s'arrondirent. Il leva son bâton comme s'il voulait frapper Dana. On aurait dit un prédateur.

— Allons prévenir Willa Ambrose, décida-t-il en lui faisant signe de le suivre. Je veux qu'elle me voie arrêter ce petit salopard. Il faut qu'elle constate par elle-même que ces ordures ne connaissent, eux aussi, que la loi de la jungle.

— Où est-elle ?

— Juste à côté, dans sa salle de jeux, avec sa meilleure amie, bien entendu.

Scully suivit Meecham jusqu'à un petit bâtiment portant l'inscription :

ANIMAUX MALADES, ENTRÉE RÉSERVÉE AU PERSONNEL.

— Animaux malades, ricana Ed, mon cul, ouais. C'est elle le seul animal malade, dans ce zoo !

Il ouvrit la porte sans frapper.

La pièce était mal éclairée. Il y avait là une immense cage qui était ouverte. Près de la porte se trouvait un lit de camp. Willa Ambrose était assise sur les couvertures avec un énorme gorille femelle.

Ambrose échangeait avec l'animal des signes semblables à ceux qu'utilisent les sourds-muets. Le gorille s'arrêta de gesticuler en voyant Scully.

— Tout va bien Sophie, fit Willa avant de se tourner vers Dana. Que faites-vous ici ? Meecham, je vous avais dit de ne jamais venir dans cette pièce, sauf en cas d'urgence.

Ed prit un air triomphant.

— Eh bien, votre cas d'urgence, on l'a ! Figurez-vous qu'un...

Meecham ne finit pas sa phrase.

Dehors, dans la nuit, retentit le rugissement d'un tigre.

Sophie sauta immédiatement par terre et alla se cacher au fond de sa cage.

Tout le zoo se réveilla, se mettant à glapir, hurler, piailler, siffler, hennir. La ménagerie ressemblait soudain à une maison de fous.

— Il faut aller voir ce qui se passe, déclara Willa en se dirigeant vers la porte.

Scully la laissa passer. Miss Ambrose n'avait pas l'air effrayée le moins du monde.

Meecham la suivit, son bâton à la main.
Scully lui emboîta le pas.
Elle ne savait pas ce qui arrivait, mais elle était sûre de deux choses :
Premièrement : c'était un coup de Red.
Deuxièmement : les ennuis ne faisaient que commencer.

CHAPITRE 8

Red avait toujours adoré les animaux. Déjà, quand il était enfant, il recueillait tous les chats de gouttière et les chiens perdus. Il passait son temps à se disputer avec sa mère, à essayer de la convaincre de le laisser les garder à la maison.

Il soignait avec tendresse les oisillons tombés du nid et, ému et heureux, les relâchait. Un jour, son père l'avait emmené à la chasse. Red avait été malade. Il avait fait des cauchemars pendant des semaines.

Dès qu'il voyait quelqu'un maltraiter un animal, il se mettait dans une rage folle. Pour lui, voir une bête derrière des barreaux était une torture insupportable.

Il était né pour devenir membre de l'O.V.S. Red n'avait peut-être pas toujours réussi à convaincre sa mère de garder les chats de gouttière, il n'avait jamais non plus persuadé son père de renoncer à la chasse, mais aujourd'hui tout allait changer. Il consacrait désormais sa vie à sauver les animaux. Il comptait permettre au plus de bêtes possible de retrouver leur liberté. Il allait faire de la planète un monde où plus personne ne pourrait mettre leur vie en danger.

Red avait hâte d'en finir avec la mission de ce soir. Il se laissa glisser le long du rocher et tomba souplement au sol.

Le jeune homme regarda autour de lui, puis ôta son sac à dos, y prit une caméra adaptée pour la vision de nuit. Ah, le bel objet ! Il en était fier. Ce petit gadget coûtait une fortune. Jamais l'O.V.S. n'aurait pu se l'offrir. Alors Red l'avait piqué. Il n'aimait pas jouer les voleurs, mais il y avait des priorités dans la vie. Pour lui, la défense des animaux était aussi importante que les droits de l'homme. C'était la guerre, et en temps de guerre tous les coups sont permis.

Une fois dans l'enclos, Red regarda dans l'objectif de la caméra et scruta la nuit. Il rencontra soudain les yeux jaunes, brillants et scrutateurs du tigre. Le superbe animal l'observait attentivement, guettant chacun de ses mouvements.

— Salut le tigre, sourit Red. Fais-moi un joli sourire, le petit oiseau va sortir !

Le jeune garçon appuya sur le bouton « enregistrement ». Il avait bien l'intention de réussir ce petit film. Il voulait que le monde entier voie comment on enfermait un animal aussi énorme, tellement majestueux, dans une ridicule petite cage. Cette image d'horreur allait réveiller la conscience des gens !

Mais soudain, le grand chat et la cage devinrent flous.

Red sentit une vague de chaleur monter autour de lui. Ses yeux se mirent à larmoyer. Les barreaux et le tigre disparurent.

Red cligna des yeux, se passa la main sur le visage.

Un flash de lumière blanche explosa dans l'enclos. Le jeune homme ferma les yeux, aveuglé.

La lumière s'estompa, Red regarda autour de lui.

Il ouvrit la bouche et bégaya de surprise : la cage était vide, le tigre s'était volatilisé !

— Mais qu'est-ce qui s'est...

Un feulement qui provenait de derrière lui retentit dans la nuit.

Red reconnut le cri du grand félin.

Il se retourna lentement, très lentement.

Rien.

Mon Dieu ! se dit-il, le tigre est sorti de sa cage ! Je ne sais pas comment, mais il s'est enfui ! Il est caché là, quelque part dans la nuit, et il n'a aucun moyen de savoir que je suis un ami. Il faut que je me tire vite fait avant que...

Red ne put jamais aller au bout de sa pensée. Un énorme poids s'abattit sur lui et le fit tomber au sol.

Il eut exactement l'impression d'être renversé par une voiture.

Couché par terre, Red ouvrit les yeux et essaya de distinguer ce qui l'avait frappé. Mais il ne voyait rien. Rien, si ce n'est le petit point rouge sur la caméra indiquant qu'elle filmait toujours.

A demi assommé, il essaya de se relever. Sa poitrine lui faisait mal. Il regarda sa chemise. Le tissu avait été déchiré. Il passa la main par la fente et la retira couverte de sang. Son propre sang.

Un autre feulement résonna dans la nuit, plus puissant, plus sonore que le précédent.

Red tituba, se redressa et se mit à courir.

Quelque chose le frappa de nouveau et le projeta violemment contre le sol.

Mais cette fois-ci, le jeune homme ne put se relever. Pas tout seul, en tout cas.

Quelque chose l'agrippa, le souleva dans les airs, et le secoua comme s'il n'était qu'une vulgaire poupée de chiffon.

Il atterrit dans le gravier et sentit qu'on le soulevait encore une fois.

Il alla heurter le rocher et glissa par terre.

Un choc.

Un autre choc et une douleur qui s'amplifiait.

L'étrange phénomène se poursuivit ainsi plusieurs minutes.

Red gisait, sans vie.

Willa, Meecham et Scully le trouvèrent par terre, étendu dans une mare de sang qui brilla dans la lumière de la lampe de Meecham.

— Ô mon Dieu, murmura Willa. Pauvre garçon !

— Je crois qu'il vient de comprendre qu'un tigre n'est pas qu'un gros minet en peluche, bafouilla Ed.

Scully était horrifiée, elle aussi. De toute sa carrière de médecin et d'agent du F.B.I., elle n'avait jamais vu un corps déchiqueté de cette façon. C'était une image terrifiante.

Soudain, une voix demanda derrière eux :

— Qu'est-ce qui se passe ?

C'était Mulder.

Il s'approcha et s'accroupit pour regarder Red, ou du moins ce qu'il en restait.

— Je suis désolé d'arriver si tard, fit-il à l'intention de Scully. J'ai fait aussi vite que j'ai pu.

Dana secoua la tête, navrée.

— N'aie pas de remords, Mulder. Je doute que tu aies pu faire quoi que ce soit. Tout est arrivé si vite. Je suis venue ici dans l'intention de piéger ce gosse. Mais pas de le voir mourir. Et voilà ce qui est arrivé...

Willa se redressa.

— Il faut que nous appelions la police locale. Je vois déjà les gros titres dans la presse.

— Pendant que vous y êtes, fit Meecham, prévenez-les qu'il faut mettre le coin en état d'alerte. Le tigre s'est échappé.

— Très juste, mais il y a autre chose que nous devons faire immédiatement, ajouta Scully. Et je suis certaine que la police locale aura la même idée que nous.

— De quoi parlez-vous ? s'enquit Willa.

— Nous allons poser quelques petites questions à ce cher monsieur Kyle Lang !

Scully avait détesté Kyle Lang dès la première seconde où elle l'avait aperçu.

Le voir une deuxième fois ne fit que renforcer cette aversion.

Dana avait expliqué à Mulder qu'elle tenait personnellement à coincer le chef de l'O.V.S. Fox lui avait donné le feu vert et était parti de son côté vérifier les autres pistes possibles.

Kyle ne fronça même pas les sourcils en découvrant Scully et les deux policiers en uniforme qui se tenaient devant sa porte. Il les fit entrer et s'assit calmement à son bureau comme si de rien n'était. On aurait presque dit que cette visite de la police l'ennuyait à mourir.

— Que faisait Red au zoo ? demanda Scully.

— Je ne sais pas de quoi vous voulez parler.

— Vous ne savez pas ce que ce gamin faisait au zoo en plein milieu de la nuit ? insista Dana qui commençait à s'énerver.

— J'en ai pas la moindre idée.

Scully lui montra la caméra qu'ils avaient trouvée près du corps.

— Et si je vous disais que j'ai vu cet appareil ici même, hier soir, sur cette étagère ?

Kyle ne se démonta pas :

— Je ne l'avais jamais remarqué. Jolie caméra. Où dites-vous qu'elle se trouvait ?

Dana dut faire un effort pour ne pas attraper le bonhomme par le revers de la veste.

— Monsieur Kyle, fit-elle d'un ton tendu. Un tigre a disparu. Un membre de votre organisation est mort. Pour un homme qui clame sa volonté de défendre la vie sous toutes ses formes, je trouve que vous avez l'air bien peu ému !

Kyle haussa les épaules :

— Si le tigre a tué cette personne, c'était un acte dicté par les lois de la nature.

Scully se pencha vers lui :

— Si jamais je découvre que Red était au zoo pour libérer le tigre parce que vous le lui aviez ordonné, je m'occuperai personnellement de votre cas, et vous passerez le reste de votre vie en prison, dans une cage, dans un zoo pour humains !

Lang la regarda dans les yeux. Il manifestait un calme olympien. Dana avait déjà eu affaire à des clients particulièrement détendus, mais celui-ci était un iceberg. Le roi du self-control.

Elle se demandait comment s'y prendre pour l'obliger à réagir émotionnellement et à révéler ce qu'il cachait, lorsque Mulder arriva dans le bureau. Il tenait un de ces sacs en plastique scellés et numérotés dont on se sert pour conserver les pièces à conviction. Il lui fit signe de venir voir ce qu'il avait trouvé.

Scully se leva et se tourna vers les deux policiers qui l'accompagnaient.

— Eh bien, les gars, soupira-t-elle, à vous de jouer. Voyez ce que vous pouvez en tirer. Bon courage !

Elle suivit Fox hors de la pièce tandis que l'assistant du shérif prenait sa place en face de Lang.

— Ce type va me rendre folle ! annonça-t-elle à Mulder en serrant les poings de rage.

Fox fronça les sourcils.

— Tu as l'air bien en colère, Dana. Tu es sûre que ça va aller ?

Scully inspira à fond et soupira longuement.
— Ouais, ça ira.
— Tu as retrouvé ton calme ?
Dana sourit amèrement.
— Oui, je suis redevenue la gentille petite Scully. Bon, arrête ton cinéma, Mulder, et raconte-moi plutôt ce qui se passe. Est-ce qu'on a retrouvé le tigre ?
— Non, mais j'ai visionné la cassette dans la caméra vision de nuit de Red. Elle était en marche quand il a été tué. Et d'après ce que montre l'enregistrement, il n'a pas été tué par un tigre.
Scully fit un bond sur place :
— Quoi ?
Mulder cilla des yeux et continua son récit sur le même ton indifférent :
— Si on en croit la cassette vidéo, le garçon a été tué par une espèce de fantôme invisible.
Dana avait l'impression d'être en plein délire.
— Attends, Mulder. Tu as vu le corps, non ? Red a été déchiqueté, il a été égorgé et lacéré par un animal aux griffes particulièrement puissantes. Ce ne peut être que le tigre !
— Je ne peux pas expliquer les faits, Scully, mais j'ai parmi mes relations quelqu'un qui connaît peut-être la solution de l'énigme.
— Qui ?
— Tu ne devines pas ?
— Je donne ma langue au tigre !
Mulder hésita puis esquissa un sourire.
— Je préfère ne rien te dire. Tu aimes les surprises, non ?

CHAPITRE 9

— Elle doit se trouver là-dedans, dit Mulder.

Scully regarda la porte du petit bâtiment. Il y avait un panneau avec une inscription :

ANIMAUX MALADES, ENTRÉE RÉSERVÉE AU PERSONNEL.

— Ainsi tu penses que Willa Ambrose en sait plus qu'elle ne veut bien le dire ? demanda Dana.

Mulder se contenta de lui répondre par un petit sourire, celui qu'il arborait toujours juste avant un triomphe.

Dana l'arrêta avant qu'il ne frappe à la porte.

— Attends, Mulder. Je veux que tu m'expliques pourquoi tu soupçonnes Willa. Figure-toi que lorsque je vais interroger un suspect, j'aime bien savoir de quoi on le soupçonne exactement, et surtout pourquoi.

— Tu vas vite comprendre, fit Mulder en levant la main pour frapper.

Mais avant qu'il n'ait pu toucher la porte, celle-ci s'ouvrit à la volée, et Willa Ambrose apparut sur le seuil. Elle sursauta en les voyant.

— Miss Ambrose, fit Fox, pouvons-nous vous parler un instant ?

— J'ai déjà tout raconté à la police, je ne sais pas ce que je pourrais vous dire de plus.

— D'après ce que je sais, c'est ici que vous gardez Sophie, votre gorille.

— Sophie est malade ! rétorqua Willa sur la défensive.

Elle voulait mettre rapidement fin à cette conversation.

— Est-ce que nous pouvons tout de même la rencontrer ? demanda Mulder.

La jeune femme le fusilla du regard.

— Bon, d'accord, fit-elle après une hésitation. Suivez-moi.

Elle leur fit signe de rentrer dans le bâtiment.

Sophie était accroupie au fond de la cage. Elle leva la tête pour regarder les visiteurs d'un air inquiet. C'était la première fois que Scully avait réellement l'occasion d'observer l'animal. Elle se demanda pourquoi une bête aussi énorme, aussi lourde et puissante que cette femelle gorille pouvait bien être ainsi terrorisée. Sophie avait l'habitude de se trouver au milieu d'humains, elle n'aurait pas dû en avoir peur.

Willa dut lire dans les pensées de Scully, car elle expliqua :

— Il y a six semaines, il a fallu retirer Sophie de l'enclos où le public pouvait la voir. Elle devenait dépressive et renfermée. Elle ne bougeait plus, se terrait au fond de sa cage et grelottait de peur.

— Est-ce que vous lui avez demandé ce qui l'effrayait ? questionna Mulder.

Dana le regarda. Elle avait l'habitude d'entendre Fox poser des questions étranges, bizarres, mais cette fois, il dépassait les bornes ! Qu'est-ce qui lui prenait ?

Mais miss Ambrose ne sembla pas trouver la question saugrenue. Elle répondit le plus naturellement du monde :

— Je lui ai posé la question plusieurs fois.

— Et que vous a-t-elle dit ?

Willa fit quelques gestes avec les mains.

— Elle me répondait *lumière peur*. Ce qui signifie qu'elle avait peur de la lumière.

Scully faillit s'étouffer :

— Sophie vous parle ?

— Elle connaît et utilise six cents mots du langage des signes américain. Mais elle en comprend plus d'un millier.

Willa attrapa un morceau de papier sur son bureau et le passa à Dana avant d'ajouter :

— Lisez ceci, c'est un article récent sur le sujet. Je suis certaine que vous le trouverez intéressant.

Scully survola l'article en question. Il y était question des études conduites un peu partout dans le monde sur les gorilles à qui on avait appris le langage par signes.

Lorsqu'elle eut fini de lire, elle leva les yeux et découvrit le sourire goguenard de Mulder qui... triomphait, bien entendu !

— C'est donc à Sophie que tu voulais parler, murmura-t-elle. Tu voulais parler à un gorille !

— Relis ton manuel du F.B.I., rétorqua Mulder. Il y est clairement indiqué qu'un bon agent doit interroger tous les témoins et témoins potentiels.

— Mais, voyons, c'est un gorille ! Qu'est-ce qu'un gorille peut bien avoir à nous raconter ?

Fox se tourna vers Willa.

— Peut-être que miss Ambrose va répondre pour moi à cette question.

Willa hocha la tête :

— Les gorilles sont des êtres extrêmement sensibles, et ils le deviennent encore plus une fois qu'ils ont appris le langage des signes et savent communiquer avec nous.

— Mais pourquoi Sophie a-t-elle peur de la lumière ? demanda Scully.

Willa la regarda durement.

— Est-ce que vous avez rencontré Kyle Lang ?

— Oui, à deux reprises, pourquoi ?

— Dans ce cas, il est inutile de tourner autour du pot. Je suis sûre que Kyle vous a raconté les problèmes avec le gouvernement du Malawi. Il existe une forte probabilité pour qu'on me retire Sophie. Je crois qu'elle le sait et qu'elle a peur. L'Afrique doit être pour elle une image associée à la lumière. Sophie est capable de rapprocher les idées et les mots d'une façon extrêmement créative.

Dana regarda l'animal tapi au fond de la cage. C'est seulement à ce moment qu'elle remarqua à quel point ses yeux étaient vifs et attentifs. On aurait dit que cette femelle gorille les écoutait et comprenait ce qu'ils disaient. Scully faisait partie de la vieille école. Elle avait encore du mal à croire que les animaux détenaient la capacité de penser. Mais maintenant, elle commençait à avoir des doutes.

— Vous avez peut-être raison, fit-elle à contrecœur.

Elle se tourna vers Fox pour avoir son opinion. Mais Mulder était en train d'observer des dessins au crayon qui étaient épinglés au mur. On aurait dit des coloriages faits par un enfant de trois ans.

— Est-ce que c'est Sophie qui a fait ces dessins ? demanda-t-il.

— Oui, elle a toujours adoré dessiner. Mais depuis qu'elle est malade, elle n'a pas repris ses crayons.

— C'est intéressant, fit Mulder tout en examinant les crayonnages. On dirait qu'elle vous a fait là des variations sur un thème. On retrouve sans cesse le même motif. Regardez, là, cette petite tache brune au milieu du gribouillis circulaire. Est-ce que vous avez une idée de ce que cela peut représenter ?

— Je ne suis sûre de rien, répondit Willa, mais j'ai une intuition. Depuis un certain temps, Sophie est obsédée par l'idée d'avoir un bébé. Je pense que ce dessin, cette tache centrale et entourée d'un cercle, en est la représentation symbolique.

— Vous avez essayé de lui trouver un mâle ? demanda Fox.

— J'étais en train de me mettre à la recherche d'un mari pour elle quand le gouvernement du Malawi m'est tombé dessus. Cela a beaucoup stressé Sophie, et je me suis dit qu'il ne serait pas prudent de poursuivre mon projet tant que tout ne serait pas tiré au clair. Cela ne semblait plus l'intéresser, de toute façon.

Fox écoutait attentivement les explications de Willa.

— Voyons, si j'ai bien compris, murmura-t-il en se rapprochant d'elle, Sophie voulait absolument un petit. Puis elle a apparemment cessé d'en vouloir un et a commencé à avoir peur d'une espèce de lumière. C'est bien cela ?

— Tout à fait. Je pense qu'un stress lui a ôté toute envie de devenir maman.

Mulder hocha la tête.

— Oui, c'est une façon de voir les choses. Mais il y a d'autres explications envisageables. Dites-moi, est-il exact que jamais aucun animal n'a eu de petit dans ce zoo ?

Willa fit la grimace :

— Je savais que je pouvais compter sur Kyle Lang pour vous communiquer les bonnes nouvelles. Non, aucune grossesse n'est jamais parvenue à terme dans notre zoo.

— Donc, Kyle avait raison.

— Oui, mais je crois qu'il se trompe quand il dit que ce sont les mauvais traitements que Meecham faisait subir aux animaux qui les ont empêchés de procréer.

— Quelle est votre explication ?

— Il est toujours difficile pour un animal d'avoir des petits en captivité.

Mulder insista :

— Je sais cela, mais tout de même : aucun petit, pas un seul !

— Je sais, soupira Willa, ce n'est pas très glorieux. J'avais bien l'intention de changer cela aussi, lorsque je suis arrivée ici.

Fox fit signe qu'il comprenait, et Dana aperçut au passage dans ses yeux une petite lueur qu'elle ne connaissait que trop. Elle se rapprocha pour observer son associé tandis qu'il continuait à poser des questions à la jeune femme.

— Miss Ambrose, avez-vous jamais essayé d'accoupler Ganesha ?

— Non, il est particulièrement difficile de faire faire un bébé à un éléphant vivant en captivité. Je crois que, depuis dix ans, il n'y a eu que six naissances dans des zoos.

Scully vit nettement que Mulder avait repéré une piste : une idée qu'il allait poursuivre. Elle ne savait bien entendu pas du tout ce dont il pouvait s'agir. Elle n'était certaine que d'une chose : ce serait une idée extraordinaire, hors normes... comme d'habitude, avec l'ami Mulder. Il fallait qu'elle se prépare à de l'imprévu.

Prévoir l'inattendu, c'était en cela que consistait tout travail avec Fox Mulder.

— Vous avez un hôpital vétérinaire, ici ?

— Oui, agent Mulder. Nous avons une salle d'opération toute neuve. C'est la première chose dont je me suis préoccupée en arrivant dans ce zoo. Pourquoi ?

— Miss Ambrose, ce que je vais vous demander va vous paraître particulièrement étrange, mais j'ai besoin de votre aide pour avancer dans notre enquête.

Fox se tourna vers Scully et ajouta :
— Je vais avoir besoin de ton aide également. Je peux te promettre que, si tu aimes les défis, tu vas être servie.
Dana n'avait jamais vu Fox aussi tendu. Il était entièrement absorbé dans ses réflexions.
— Un défi ? Je t'écoute, Mulder.

CHAPITRE 10

— Mulder, cela ne relève pas vraiment de mes compétences ! protesta Scully.

Dana portait une cagoule de protection et des gants. Un masque de chirurgien pendait autour de son cou. Elle tenait à la main un scalpel qui étincelait dans la salle d'opération.

— Allons donc ! Tu es la personne rêvée pour ce job. Tu as un diplôme de médecine, des diplômes en sciences diverses. Que demande le peuple ?

— Je voudrais avoir un coéquipier qui soit sain d'esprit ! Mulder, jamais tu ne m'as demandé de faire un truc plus débile.

Fox venait juste de lui expliquer — à l'oreille, en aparté — ce qu'il attendait exactement d'elle.

Mulder ouvrit la bouche pour répondre. Mais un bruit assourdissant de scie électrique résonna dans la petite pièce.

Scully se pencha avec lui par-dessus le garde-fou du petit échafaudage d'où ils observaient la table d'opération.

Juste en dessous d'eux se trouvait un trou béant.

Un trou béant dans le corps d'un énorme éléphant.

Un éléphant mort.

Ganesha.

Le bruit de la scie s'arrêta. Une silhouette en combinaison, portant un masque et un casque muni d'une lampe, apparut hors de l'animal.

— Comment ça se passe ? demanda Mulder.

Willa Ambrose posa sa scie sur le côté.

— J'ai découpé les côtes. Je pense qu'il y a maintenant suffisamment de place pour que nous tenions toutes les deux, agent Scully.

Dana se tourna vers Fox.

— J'espère que tu sais ce que tu fais, dit-elle. En fait, non, j'espère que je sais ce que *je* fais !

— Non seulement je sais ce que je fais, rétorqua Mulder, mais en plus je sais ce que tu vas découvrir.

— Oui, eh bien moi, je crois que je vais comprendre que nous sommes complètement toqués !

Le scalpel à la main, Scully alla rejoindre Willa.

Les deux jeunes femmes travaillèrent ensemble, taillant les chairs épaisses de l'animal afin de pouvoir accéder à la partie postérieure de son abdomen.

— Je suis contente que vous connaissiez la région, soupira Dana tout en continuant à s'enfoncer dans le corps de Ganesha. Je n'aimerais pas m'égarer dans ce coin !

— Je suis complètement perdue, rétorqua Willa. Pas côté anatomie, mais côté logique. Voulez-vous bien m'expliquer ce que nous cherchons ? Attendez... Nous y voilà.

Elle passa la main à travers l'ouverture qu'elle venait tout juste de tailler, et en ressortit un morceau de chair, dégoulinant et visqueux.

Elle le tendit à Dana.

— Voilà ce que vous vouliez, agent Scully. Maintenant, peut-être aurez-vous l'obligeance de me dire pourquoi vous aviez besoin d'examiner l'utérus de Ganesha ?

— Vous ne devinez pas ?

— L'utérus n'a qu'une fonction. J'ai donc une petite idée, mais je refuse de la prendre en considération un seul instant. C'est trop... bizarre, et surtout, c'est totalement impossible.

Une heure plus tard, dans le labo, Scully était penchée sur un microscope à fort grossissement.

— Tu avais raison, Mulder ! annonça-t-elle.

Willa la regardait faire.

— Qu'avez-vous trouvé ?

— Dis-le-lui, Mulder. Ou est-ce que tu me laisses cet honneur ?

— C'est toi le toubib, ici, sourit Fox.

— Ganesha a été enceinte, affirma Scully.

Willa cligna des yeux.

— Quoi ? Qu'est-ce que vous voulez dire par elle a « été enceinte » ?

— Elle n'était plus enceinte au moment de sa mort.

— Attendez, agent Scully. Vous êtes en train de me dire que, non seulement Ganesha était enceinte, mais qu'en plus elle a accouché ?

— Exactement.
— Je ne vous crois pas ! s'écria Willa.
Dana se leva et lui fit signe de venir prendre sa place.
— Regardez vous-même. Vous voyez les traces du fœtus sur l'utérus ? On voit l'endroit où il se trouvait.
Ambrose regarda dans le microscope et secoua la tête.
— Ce n'est pas possible, c'est scientifiquement impossible !
— Bien entendu, c'est impossible, dit Mulder. Mais il est également impossible pour un éléphant de devenir invisible. A moins, bien entendu, qu'on ne soit prêt à regarder les choses sous un angle différent de la normale.
Willa avait l'air affolée.
— Mon Dieu, mais qu'est-ce qui se passe ici ?
— Il se passe ici ce qui s'est passé dans bien d'autres lieux, répondit Fox. Et je crois que nous allons découvrir les mêmes indices lorsque nous retrouverons votre tigre.
— Tu as donc une théorie qui explique tout ce qui est arrivé dans cette affaire ? demanda Scully.
— Oui, mais j'ai besoin d'un peu plus de preuves avant de l'annoncer officiellement. Tu connais nos chefs. Ils vont avoir du mal à encaisser cette histoire.
Willa les regardait, la bouche à demi ouverte.
— Est-ce que c'est une blague... dites-moi que vous travaillez pour la caméra invisible !

— Cette affaire n'a rien d'une plaisanterie, fit Mulder. Je suis le premier à le regretter.

Comme pour confirmer ce qu'il venait de dire, une sirène retentit soudain dans le lointain.

— Il y a le feu quelque part, dit Willa.

— Non, corrigea Scully. C'est une sirène de la police.

— Je suis sûre que vous savez les reconnaître, sourit miss Ambrose. Moi, je ne les entends jamais, c'est un quartier tranquille, ici. Enfin, du moins jusqu'à ce que toute cette affaire commence.

— Je crois que nous ferions mieux d'aller voir ce qui se passe exactement, fit Mulder en se dirigeant vers la porte.

Dana et Willa durent courir pour pouvoir suivre Mulder qui avançait comme d'habitude au pas de course. Il alla directement vers leur voiture de location.

— C'est moi qui conduis, annonça-t-il à Scully.

— Vous feriez bien de mettre votre ceinture, fit Dana à miss Ambrose en s'installant sur le siège arrière. Ce cher Mulder est supposé représenter la loi, mais apparemment il ne se soucie pas d'être un exemple sur la route. Les limitations de vitesse, ce n'est pas son fort!

Willa eut à peine le temps de boucler sa ceinture. Mulder démarra, pied au plancher. La voiture fila en vrombissant hors du parking.

— Les sirènes viennent de par là! cria-t-il. Vous avez une idée de quel quartier il s'agit?

— Dans ce coin-là, il n'y a pas grand-chose, à part le nouveau centre commercial.

Les sirènes étaient maintenant beaucoup plus proches.

Ils prirent un virage.

— Mulder, tu vas nous tuer ! hurla Scully.

Fox freina brusquement.

Un groupe de personnes — femmes, hommes, enfants — couraient vers eux, fuyant apparemment quelque chose situé plus haut dans la rue et qui, à voir leurs visages, devait être particulièrement effrayant.

— Allons voir ça de plus près !

Scully et Willa le suivaient toujours en courant au petit trot. Mulder avait de longues foulées et beaucoup d'énergie. Il était difficile de le battre à la course.

La foule se trouvait maintenant derrière eux. La rue était déserte.

Une femme, un bébé dans les bras, se retourna pour leur crier :

— Non, pas dans cette direction ! Vite, suivez-moi, suivez-moi, par ici !

Avant qu'ils aient pu lui poser la moindre question, elle était partie. En haut de la rue se trouvaient des voitures de police, gyrophares allumés, sirènes hurlantes.

— C'est bien le centre commercial, fit Willa, les nouvelles galeries marchandes se situent juste derrière les voitures des flics.

La police s'était garée de façon à bloquer l'entrée des galeries.

Mulder et Scully se mirent à courir. Miss Ambrose

resta un peu en retrait. Arrivée près des voitures pie, Dana découvrit six policiers, l'arme à la main.

Elle examina la galerie marchande et frissonna.

Le centre commercial était neuf : salles de cinéma, magasins de luxe, restaurants et fast-food avec salle commune le composaient. On pouvait manger de tout ici, du chinois au tex-mex. Mais il n'y avait personne. Des bouts de papier et des sacs à provisions traînaient sur le sol carrelé de rouge. Il n'y avait pas le moindre mouvement, si ce n'était dans la vitrine d'un magasin de hi-fi où des postes de télévision zappaient en automatique d'une chaîne à l'autre.

La scène paraissait irréelle. Le silence était absolu. On se serait cru dans un cimetière.

— Reculez, messieurs-dames ! s'écria un policier en les voyant. Il ne faut pas rester ici.

Mulder et Scully sortirent leurs badges en même temps.

— F.B.I., annonça Fox.

— Que se passe-t-il ? interrogea Dana.

— Rien qui puisse intéresser le F.B.I., répondit le policier.

Un de ses compagnons ricana :

— A moins que le F.B.I. ne donne dans la chasse au tigre !

CHAPITRE 11

— On a repéré le tigre ? demanda Willa.

Le flic eut l'air étonné :

— Vous êtes au courant ? Bon, dans ce cas, je vous refile l'affaire ! Vous autres, les fédéraux, vous savez toujours tout.

— Je n'ai rien à voir avec le F.B.I. Je suis Willa Ambrose, la directrice du zoo. C'est moi qui ai signalé à la police que le tigre s'était échappé.

— Je me souviens de votre nom, répondit le policier. Je suis allé avec mes collègues au zoo pour pouvoir vous demander des détails. Mais vous n'étiez pas là, on n'a pas réussi à vous trouver.

— J'étais à l'infirmerie, je m'occupais d'un animal malade, fit Willa, immédiatement sur la défensive. Qui est-ce qui a repéré l'animal dans le centre commercial ?

— Un gros type qui bouffait tranquillement son Big Mac tout en se promenant dans la galerie principale. Subitement, le tigre est apparu devant lui, sorti de nulle part. Le bonhomme s'est précipité vers la première cabine téléphonique près de lui et il a appelé notre numéro d'urgence. Le temps qu'on arrive... et Dieu sait qu'on a fait vite... c'était la panique dans tout le quartier.

— Nous sommes au courant, fit Scully. Nous avons failli nous faire piétiner par la foule qui fuyait dans la rue.

— Mettez-vous à la place de ces pauvres gens, rétorqua le policier. Ils couraient pour sauver leur vie. Il a fallu plusieurs minutes pour prévenir tout le monde qu'il fallait évacuer.

— Où se trouve le tigre ? demanda Mulder.

— On ne sait pas trop. Nous avons fait bloquer tous les accès au centre commercial, mais je ne sais pas si nous avons été suffisamment rapides. D'après ce qu'on dit, les tigres sont des animaux extrêmement vifs.

Willa hocha la tête :

— Ils sont aussi rapides qu'il le faut pour rester en vie, surtout lorsqu'ils sont chassés, ou lorsqu'ils fuient quelque chose.

— Bah, on finira bien par le rattraper ! fit un autre policier en caressant son fusil à pompe. On a tout le matériel nécessaire pour l'accueillir !

— Vos armes sont inutiles, annonça Willa.

Elle ouvrit son sac (Scully se demandait bien pourquoi elle l'avait pris) et en sortit un gros revolver.

— C'est gentil de vouloir nous aider, fit le premier policier, mais nous avons tout ce qu'il nous faut côté artillerie.

— Vous ne comprenez pas. Il est inutile de tuer cet animal. Il ne fait que suivre son instinct. Ce n'est pas la faute de ce tigre s'il se retrouve dans un environnement qui n'est pas le sien. Vous n'avez pas besoin de vous servir de balles réelles. J'ai ici un pistolet spécial qui permet de tirer des fléchettes tranquillisantes. Je pense que nous devons essayer d'endormir ce tigre avant de le tuer.

Le policier fit la grimace.

— Vous croyez vraiment que cela suffira pour le mettre K.-O. ? Je connais cet animal, je l'ai vu au zoo avec mes gosses. C'est un véritable monstre.

— Ecoutez, je suis la directrice du zoo. Je connais les animaux et je me suis déjà servie de cette arme dans le passé.

Le bonhomme haussa les épaules.

— Si vous le dites, je suis obligé de vous croire.

L'autre policier intervint :

— C'est marrant, le type qu'on a vu au zoo ne nous a jamais parlé de fléchettes tranquillisantes. En fait, il nous a montré son fusil de chasse et nous a même demandé de le prévenir si on repérait le gibier. Comment s'appelait-il, voyons...

Willa soupira.

— Vous avez rencontré Ed Meecham. Mais ce n'est qu'un employé. Je suis sa supérieure. C'est moi qui prends les décisions.

— O.K., on fera comme vous dites, madame.

— Moi, je garde tout de même mon fusil juste au cas où, murmura l'autre policier.

Miss Ambrose allait protester, mais la radio de l'une des voitures crépita, et une voix annonça :

ALERTE À TOUTES LES UNITÉS. ALERTE À TOUTES LES UNI-

TÉS. LE TIGRE A ÉTÉ REPÉRÉ À L'ANGLE DE DUMONT ET SPENCER. RENDEZ-VOUS IMMÉDIATEMENT SUR PLACE. JE RÉPÈTE...

— On y va ! annonça le flic le plus gradé en se dirigeant vers le véhicule.

— Ce tigre est plus rapide que le vent ! s'écria l'autre. L'intersection de Spencer et Dumont se trouve à plus de vingt pâtés de maisons d'ici, la vache, c'est un vrai feu follet !

Tout le monde retourna aux voitures.

— Est-ce que nous pouvons venir ? demanda Mulder.

— Pas de problème. Y a de la place pour tout le monde.

Mulder, Scully et Willa se serrèrent sur la banquette arrière de la voiture pie.

Les sirènes hurlant, le cortège fila sur l'avenue. Willa vérifia son pistolet à seringues.

— Nous y voilà. Dumont et Spencer, annonça le conducteur.

Dana n'avait pas besoin qu'on lui dise où elle se trouvait. Toutes les voitures de police de la ville se trouvaient déjà sur place, gyrophares allumés.

— Je ne sais pas si tout cela est une bonne idée, fit Willa. Vous allez faire peur au tigre et il va s'enfuir de nouveau. Il faudra encore lui courir après.

— Je n'en suis pas si sûre, rétorqua Scully. Les animaux réagissent parfois comme les humains. Quand ils se sentent pris au piège, soit ils fuient, soit ils attaquent. On ne peut jamais savoir à l'avance ce qu'ils vont faire.

Mulder regardait autour de lui.

— En tout cas, ce quartier est l'endroit idéal pour un animal. Il y a plein d'endroits où se cacher.

Le croisement des rues Dumont et Spencer était une zone en pleine rénovation. Il y avait un grand chantier et un énorme trou à l'un des angles. En face, d'immenses poutres d'acier se dressaient vers le ciel, squelettes de buildings en construction. Quelques planchers étaient déjà en place à certains étages. Des ouvriers, tous coiffés de casques, regardaient avec curiosité le petit manège de la police. Scully se dit que les flics de Fairfield n'étaient décidément pas bien entraînés. Tous ces gens auraient déjà dû être évacués.

Elle se rapprocha de Mulder et lui glissa :

— C'est le terrain de chasse idéal. Une jungle d'acier construite par l'homme lui-même.

Willa Ambrose ne disait rien, mais tenait des deux mains son arme, comme pour se rassurer.

Soudain, son visage changea.

Elle se précipita vers un groupe de policiers, tous équipés de fusils. Un homme en civil se trouvait à leurs côtés, lui aussi armé : Ed Meecham.

Willa alla droit vers lui :

— Meecham, posez cette arme et dites à vos amis les John Wayne de service de faire de même !

Meecham serra son flingue contre sa poitrine.

— Vous voulez avoir d'autres morts sur la conscience ? demanda-t-il.

— Il est possible de capturer cet animal sans pour autant le tuer !

— Nous n'avons pas le temps de donner dans les bons sentiments, répliqua Meecham.

— Ed, je suis votre supérieure et je vous donne un ordre ! rugit Willa comme si elle était elle-même un animal sauvage.

Meecham sursauta, se redressa et la regarda avec un air presque dégoûté.

— Très bien, « patronne ». C'est vous qui portez la culotte, on fera comme vous voudrez.

Elle le fusilla du regard puis se dirigea vers le labyrinthe de poutres des immeubles en construction.

Un flic essaya de l'arrêter.

— Le gros chat peut être n'importe où, madame...

— Ne vous en faites pas. Je connais cet animal et j'ai une arme spéciale.

Le policier voulut lui emboîter le pas, mais Mulder l'arrêta et lui montra son badge.

— Ne vous en faites pas, l'agent Scully et moi-même allons assurer sa protection.

Fox sortit son revolver, Scully l'imita. Ils suivirent Willa.

Dana la rattrapa et lui demanda :

— Vous avez combien de fléchettes dans votre pistolet ?

— Une seule.

— Vous pensez que cela suffira ?

— Il faudra bien.

Scully attendit Mulder et lui glissa :

— Je suis tout à fait d'accord pour qu'on sauve les animaux, déclara-t-elle. Mais elle n'a qu'une seule fléchette. Tu comprends ce que j'essaie de te dire ?

Mulder fit signe que oui et fit sauter le cran de sûreté de son arme.

Soudain, un gros homme portant un casque d'ouvrier sortit en courant d'un des buildings en chantier.

— Il est là ! hurla-t-il en courant. Il est là !

Willa regarda à l'intérieur et ajusta son arme dans sa main.

— Je crois que je vois sa queue !

Elle entra dans la pénombre du bâtiment et enjamba une grosse poutre.

Fox sursauta, croyant un instant qu'elle était en danger. Scully fut également surprise par la rapidité de Willa. Le temps qu'il arrive à la porte du building, elle avait disparu dans la pénombre.

— Par ici !

C'était sa voix.

Ils ne la voyaient toujours pas mais s'avancèrent dans la direction d'où venait le son. Scully passa par-dessus une poutre, puis une autre. Il y avait des obstacles partout.

Willa les appela de nouveau. Cette fois, elle ne devait se trouver qu'à quelques mètres d'eux.

Et subitement... un hurlement éclata.

Puis un autre son.

Un coup de feu.

Ils se mirent à courir tous les deux et la retrouvèrent enfin.

Willa se tenait là, tremblante et pâle, son arme à la main, les bras le long du corps, comme paralysée.

Juste derrière elle, se trouvait Ed Meecham, tenant encore son fusil en joue. C'était lui qui avait fait feu, car son arme fumait encore.

A cinq mètres à peine de Willa le tigre gisait sur le

sol. Un filet de sang s'échappait de sa tête. Il avait une balle entre les yeux.

— Elle était juste là-haut, bafouilla miss Ambrose en indiquant une poutre.

— « Elle », c'était une femelle ? murmura Scully.

— Eh oui, fit Meecham répondant à Willa, tous les animaux ne sont pas prévisibles. Ils ne savent pas tous parler et faire des dessins !

CHAPITRE 12

Mulder regarda la pancarte accrochée à l'extérieur de la grille d'entrée du zoo :

LE ZOO EST FERMÉ AU PUBLIC JUSQU'À NOUVEL ORDRE.

Il soupira. Ed Meecham avait sauvé la vie de Willa. Mais il n'avait pas sauvé le zoo, il l'avait en fait détruit — ainsi que son travail et celui de ses collègues.

Fox fit demi-tour et parcourut du regard les alentours pour chercher miss Ambrose. Il voulait lui annoncer lui-même ce que Scully avait découvert lorsqu'elle avait ouvert le ventre du tigre... de la tigresse, plus exactement.

Scully n'avait pas voulu venir. Elle préférait rester dans la salle d'opération pour animaux. Il fallait tout ranger et nettoyer. Pauvre Dana ! Elle avait de toute évidence mal au cœur de voir un si bel animal mort. Elle disait même avoir peur d'en rêver la nuit.

Mulder finit par trouver Willa. Elle parlait avec un groupe de personnes en costume-cravate. Ils regardaient tous le bassin des orques, de superbes animaux blanc et noir aux dents particulièrement impressionnantes.

Willa avait l'air aussi angoissée que lorsqu'elle s'était retrouvée seule face au tigre. Elle se tordait les mains en parlant. Ses interlocuteurs la regardaient d'un air bien peu compatissant.

Elle aperçut soudain Mulder, s'excusa auprès des personnes qui l'entouraient et vint lui parler :

— Voilà, tout est fini, dit-elle tristement. L'affaire du tigre a mis fin à tous nos espoirs. Nous avons perdu nos sponsors. Nous fermons. Tous les animaux vont être expédiés dans d'autres zoos. Ma dernière tâche en tant que directrice de cet endroit va consister à organiser leur départ.

— Je suis désolé.

— Pas autant que moi. Tout cela ne pouvait pas tomber plus mal, c'est tragique.

Mulder comprit de quoi elle parlait en voyant son regard infiniment triste.

— Vous pensez à Sophie ?

— Oui, la seule chose qui jouait en ma faveur était mon poste, ici. Tant que j'étais directrice de ce zoo, je pouvais lui procurer un environnement acceptable.

Elle faillit fondre en larmes, et se cacha un instant le visage dans les mains avant de se reprendre :

— Mais j'ai mes problèmes et vous avez les vôtres, agent Mulder. Dites-moi plutôt ce que vous avez découvert au sujet du tigre. Car c'est pour m'annoncer cela que vous venez me voir, n'est-ce pas ?

— Oui. Scully est formelle. La bête a été enceinte.

Willa secoua la tête.
— Impossible, absolument impossible ! Cette tigresse n'a jamais pu tomber enceinte !
— Quelqu'un a pu lui faire une insémination artificielle sans que vous le sachiez.
— Non, l'insémination artificielle est une procédure très complexe. J'aurais forcément remarqué quelque chose.
— A moins qu'on n'ait fait l'opération ailleurs que dans ce zoo.
Miss Ambrose fronça les sourcils.
— Quoi ?
Mulder soupira et expliqua le fond de sa pensée :
— Vous n'avez jamais entendu parler d'enlèvement par des extraterrestres ?
— Des extraterrestres ? Vous vous foutez de moi ?
Fox ne répondit pas.
— Attendez, agent Mulder... vous croyez que mes animaux sont kidnappés par de petits hommes verts ? s'écria Willa.
Il savait qu'elle réagirait de cette façon. Cette idée d'enlèvement était totalement saugrenue pour qui n'était pas au courant de tous les faits. Mais lui, il savait la vérité, il connaissait toutes les affaires non classées. Et il fallait qu'il dise la vérité à Willa, même si elle devait ensuite le prendre pour un illuminé, un dingue.
— Je ne sais pas exactement qui les kidnappe, répondit-il calmement, je ne sais pas non plus où on les emmène. Mais apparemment, les kidnappeurs ont des problèmes pour les ramener au zoo. Ils ont peut-être des ennuis techniques, ou peut-être qu'il y

a en ce moment des variations non prévisibles au niveau de la régularité de l'espace-temps. Ce qui est sûr, c'est que, selon les analyses des ordinateurs, tous les animaux sont ramenés sur terre deux kilomètres au sud-ouest du zoo.

Willa ferma les yeux et essaya un instant de considérer l'idée de Fox avec sérieux.

— Des extraterrestres qui insémineraient des animaux ?

— Et qui volent les fœtus.

— Mais pourquoi feraient-ils cela ?

— Qui peut savoir ? Peut-être qu'ils voient ce que nous faisons à notre planète : nous polluons l'eau, nous abattons les forêts, il y a des pesticides partout et la couche d'ozone se détériore chaque jour. Nous tuons les animaux pour les manger, pour leur prendre leur fourrure ou simplement pour le sport. L'homme détruit systématiquement les bêtes, et enferme dans des cages celles qui restent après le massacre.

— Attendez, Mulder, admettons que vous ayez raison. Même si les extraterrestres voient, comme vous le prétendez, tout ce que nous faisons, pourquoi kidnapper mes animaux ?

— Ils peuvent vouloir créer une arche de Noé, sauver les espèces menacées.

— Mon Dieu... quelle idée hallucinante !

— J'essaie de deviner leurs motifs. La seule chose dont je suis certain, c'est que votre zoo n'a jamais eu de naissances parce que quelqu'un arrivait avant la mise bas et volait les fœtus.

Willa fit quelques pas, considérant cette théorie sous tous ses angles.

— C'est l'idée la plus débile et la plus ridicule que j'aie jamais entendue, finit-elle par dire.

Mais Mulder ne désarma pas :

— Si vous ne me croyez pas, peut-être croirez-vous Sophie ?

— Vous pensez que Sophie a peur... peur des extraterrestres ?

— Je pense que Sophie est enceinte et qu'elle sait qu'ils vont venir lui prendre le petit.

— Ridicule ! répéta Willa d'une voix plus hésitante que la première fois.

— Faites le test, si vous en avez le courage.

— D'accord. Suivez-moi, agent Mulder.

Elle ouvrit la porte marquée ANIMAUX MALADES et Fox la suivit à l'intérieur.

Sophie était toujours tapie au fond de la cage. Elle regarda les visiteurs d'un air soupçonneux.

L'animal ne sembla se détendre que lorsqu'il entendit la voix de Willa :

— Sophie ? Sophie, viens ici. Je veux te demander quelque chose.

Prudemment, Sophie se dirigea vers l'être qu'elle aimait le plus au monde : Willa Ambrose. Mais, arrivée à mi-chemin, elle s'arrêta, observa Mulder qui se tenait toujours près de la porte.

Elle commença à gesticuler.

— Qu'est-ce qu'elle dit ? demanda Fox.

— Elle dit *homme femme blesser.* Elle semble croire que vous et votre partenaire êtes là pour lui faire du mal, ou pour me faire du mal, ce qui revient au même.

Willa répondit par gestes tout en disant à haute voix :

— Non, Sophie. Femme homme aider. Femme homme veulent savoir bébé Sophie.

Le gorille contracta ses muscles, puis recula dans la cage en rampant à moitié. Sophie grogna d'un air angoissé, ses yeux roulaient, ses bras se refermèrent sur son ventre comme pour protéger un enfant.

— Je crois qu'elle sait de quoi vous lui parlez, remarqua Mulder.

— Oui, on dirait bien que vous aviez raison lorsque vous disiez qu'elle était enceinte.

— Est-ce que je peux lui poser moi-même une question ? Est-ce qu'elle comprend les mots simples ?

— Essayez, je pense qu'elle vous comprendra.

Mulder parla lentement, en articulant à outrance :

— Sophie vouloir partir zoo ?

Sophie arrêta de se balancer.

Elle regarda Mulder dans les yeux. Il prit soin de ne pas baisser le regard.

Puis elle répondit par gestes.

Willa traduisit :

— Elle dit *peur lumière*. Sophie, appela-t-elle. De quoi as-tu si peur ?

Le gorille se remit à trembler et fit des signes.

Willa sursauta.

— Mon Dieu ! Elle dit *bébé partir vers lumière*. Mulder... vous aviez raison, il y a des extraterrestres qui...

Elle soupira et se passa la main sur le front. Mulder ouvrit la bouche pour dire quelque chose mais elle l'arrêta :

— Un instant, il faut que je réfléchisse, je suis totalement perdue... c'est si incroyable !

Soudain, la porte s'ouvrit.

C'était Scully.

— Miss Ambrose, je savais que je vous trouverais ici. J'ai bien peur d'avoir de mauvaises nouvelles à vous communiquer.

— Mon Dieu, quoi encore ?

Scully referma la porte derrière elle et s'avança.

— Je viens du labo. J'y ai rencontré un assistant du shérif qui vous recherchait pour vous donner un papier timbré. Je crois qu'il s'agit de Sophie.

Willa pâlit.

— Non !

— Il est dehors. Il attend.

— Qu'est-ce que je vais faire ?

— Quoi que vous décidiez, dit Mulder, vous ne pouvez pas laisser Sophie ici. Pas si vous voulez qu'elle soit en sécurité.

— Mais je n'ai aucun endroit où l'emmener !

On frappa à la porte.

Willa regarda le gorille.

L'animal battit des cils en la fixant.

Pas un mot ne fut prononcé, mais ces deux êtres se comprenaient et s'aimaient.

Willa alla ouvrir la porte.

L'homme qui attendait s'enquit :

— Willa Ambrose ?

— Oui, c'est moi.

Il lui tendit une feuille de papier.

— Je vous remets officiellement cet ordre de la cour de Justice. Vous avez ordre de nous confier le gorille nommé Sophie.

Willa regarda l'homme partir, puis contempla le document.

Un long silence s'ensuivit.

Willa se retourna vers Sophie. Et Mulder reconnut la lueur dans son œil : elle avait encore une carte à jouer, une dernière chance.

Miss Ambrose fit un signe au gorille avant de partir.

Mulder connaissait ce signe.

Il voulait dire : *Je t'aime.*

CHAPITRE 13

Kyle Lang entendit qu'on tambourinait à la porte, il se leva et alla ouvrir.

— Willa ? Mon Dieu, mais qu'est-ce que tu fiches ici à cette heure de la nuit ? En fait... qu'est-ce que tu fais ici tout court !

Willa entra dans le bâtiment de l'O.V.S. et claqua la porte derrière elle.

— J'ai attendu au coin de la rue pour être certaine qu'on ne m'avait pas suivie. Il fallait que je te parle.

Kyle sourit d'un air moqueur :

— Willa, je suis touché par tant d'attentions ! Après tout ce temps, tu te souviens encore de moi ! Qu'est-ce que tu me veux ? Tu es venue me supplier de ne plus m'en prendre au zoo, de ne pas tirer sur l'ambulance, c'est ça ? Eh bien, figure-toi que je vais continuer mon action ! Ce zoo va être fermé et je vais tout faire pour être certain qu'il le reste.

— Je me fous du zoo, Kyle, je suis là pour autre chose, il faut que tu m'aides.

— Que je t'aide à quoi ?

Willa faillit fondre en larmes.

— Ils sont venus, ils vont me prendre Sophie !

Kyle lui répondit froidement :

— Si tu cherches une épaule pour pleurer, tu t'es trompée d'adresse.

Il vit alors le désespoir dans les yeux de la jeune femme, et changea de ton pour ajouter :

— Willa, laisse Sophie partir, il faut qu'elle retourne à la vie sauvage !

— Ils sont en train de la mettre dans une cage en acier en ce moment même ! Une cage sans fenêtre, sans barreaux. Ils l'emmènent dans l'entrepôt comme de la marchandise. Cela va la tuer !

— Sophie a passé toute sa vie en prison. Il est temps pour elle de retrouver la liberté. Elle le mérite.

Willa tapa du pied nerveusement.

— La liberté de quoi faire ? De se faire descendre par un braconnier ? Les braconniers coupent les mains des gorilles pour en faire des cendriers qu'ils vendent aux touristes, tu le sais !

— Le Malawi a fait une réserve naturelle. Elle y sera en sécurité.

— Tu parles ! Le Malawi n'est même pas capable de faire régner l'ordre dans les rues de sa capitale, alors une réserve d'animaux...

— La liberté a son prix.

— C'est ton opinion, Kyle. Mais moi je connais Sophie, je l'aime. Je ne supporte pas l'idée qu'on lui fasse du mal.

— Tu n'as pas le choix, Willa.

— Si ! Tu peux m'aider à lui trouver une cachette

en Amérique. Tu connais des gens qui ont leur réserve personnelle, leur petit zoo privé.

Kyle avait du mal à la regarder en face.

— Willa, ce que tu me demandes va à l'encontre de tout ce à quoi je crois.

— Je t'en supplie, fais une exception. En souvenir du bon vieux temps.

— Quel « bon vieux temps » ? C'est toi qui es partie, Willa. C'est toi qui as trahi les animaux en allant travailler pour ce zoo.

— Je me bats pour les animaux, Kyle. Pas contre eux !

— Ecoute, nous avons déjà eu cette discussion. Le sujet est clos en ce qui me concerne.

Willa se mordit la lèvre.

— Kyle... elle est enceinte.

— Quoi ?

— Sophie est enceinte.

Kyle secoua lentement la tête.

— Tu en es donc là, Willa ? Tu es tellement désespérée que tu en arrives à inventer des histoires pareilles ? Désolé, je ne marche pas.

— Mais c'est la vérité !

— D'accord, admettons que je te croie. Qu'est-ce que ça change ? Tu veux que son petit vive aussi dans une cage ?

Elle allait répondre, mais Lang continua :

— Sophie ne t'appartient pas, Willa ! Elle n'est pas ta propriété. Sophie devrait être dans la nature avec les autres gorilles, pas dans un zoo comme attraction !

Willa baissa les yeux.

— Tu ne vas pas m'aider ?

— Non. Occupe-toi de trouver un autre job dans un autre zoo de merde et laisse-moi continuer mon boulot !

Kyle la regarda se diriger vers la porte, les épaules basses, l'air pitoyable.

Willa Ambrose sortit sans un mot. Kyle Lang referma la porte à clé et retourna à son traitement de texte. Il soupira et essaya de se concentrer sur le tract qu'il était en train de composer.

Il appuya sur une touche au hasard.

Une heure plus tard, Kyle était toujours en train de regarder fixement son écran. Il n'y avait dessus qu'une seule lettre, un caractère sans aucun sens. Mais lui voyait le visage désespéré de Willa.

Cela lui faisait mal, presque aussi mal que de voir un animal battu. Et Dieu sait qu'il en avait vu beaucoup.

Il repensa à Willa, à ce qu'elle avait représenté pour lui, voilà quelques années.

Kyle éteignit son traitement de texte. Il avait pris une décision.

La seule chose qu'il ne supportait pas, c'était de voir un animal souffrir. Et les êtres humains étaient des animaux.

Lang alla chercher un sac rempli d'outils divers, et monta à bord de son camion.

Le zoo était dans l'obscurité, mais cela ne gênait pas Kyle. Il avait une lampe de poche qu'il prit entre ses dents pour pouvoir crocheter le verrou de la grande grille.

Si Willa l'avait vu faire, elle se serait bien marrée : dire qu'il avait appris tous ces tours de cambrioleurs pour pouvoir combattre les directeurs de zoos... et voilà qu'il jouait les monte-en-l'air pour l'aider !

Lang éteignit sa lampe pour avancer dans le zoo. Il connaissait le coin par cœur et n'avait pas besoin de lumière. De toute façon, il savait où se trouvait Sophie : *Animaux malades*. Willa allait la garder dans le petit bâtiment le plus longtemps possible.

Mais Willa n'était pas là, et la cage de Sophie était vide.

Kyle soupira et attrapa un bout de papier. Il griffonna une note disant où on pouvait le joindre, et glissa le mot sous l'oreiller du lit de camp de Willa.

Puis il ralluma sa lampe et se dirigea vers l'entrepôt du zoo. Il fit sauter la chaîne qui fermait la porte. Heureusement que le zoo n'avait plus assez d'argent pour payer ses gardiens, sinon, il y aurait eu un homme de garde, ici.

Personne dans la grande salle sombre. On entendait des bruits, des petits cris d'animaux.

Kyle grinça des dents : des cages partout. Il avait envie de libérer toutes ces bêtes, mais il n'était pas venu pour cela, pas ce soir, en tout cas.

Sa lampe possédait un faisceau ajustable. Il commença à lire les étiquettes sur les cages-boîtes. Il y en avait partout, un vrai labyrinthe. On avait empilé ces containers sur plusieurs hauteurs. Les animaux étaient traités ici comme de la marchandise sur un quai de gare ! C'était totalement révoltant.

Soudain, il s'arrêta en voyant une porte ouverte.

Une grande boîte en métal béante.

Il regarda l'étiquette au dos de la porte :

GORILLE FEMELLE NOMMÉ « SOPHIE »
N'APPARTIENT PLUS AU ZOO.

Kyle regarda dans la cage. Rien que de la paille.

Il pivota sur ses talons.

— Willa ? appela-t-il doucement. C'est moi, Kyle, tu n'as rien à craindre, j'ai changé d'avis, je viens t'aider. Willa, tu es là ? Sophie ? Sophie, petit petit...

Il décela un bruit derrière lui.

Une présence...

Lang se retourna et se retrouva projeté en l'air comme un vulgaire chiffon.

Il heurta le sol violemment. Sa tête lui faisait mal.

Un loup hurla, quelque part dans l'entrepôt. Kyle essaya de se relever.

Et soudain, il vit une des grandes boîtes en fer bouger en haut d'une pile, juste au-dessus de lui. Il recula, mais trop tard.

La cage tomba sur lui.

La dernière cage qu'il verrait jamais.

CHAPITRE 14

— Est-ce que Willa est toujours là ? demanda Scully.

Elle indiqua d'un geste de la main la salle de conférences du zoo. La police avait demandé à parler à miss Ambrose dans cette salle.

— Oui, elle est toujours sur le gril, répondit Mulder. Est-ce que tu as trouvé quelque chose ?

Scully venait de fouiller la salle dans laquelle Willa avait gardé Sophie pendant ces derniers mois.

— J'ai trouvé ceci dans le tiroir de son petit bureau, je pense que tu trouveras cela intéressant.

Mulder prit le papier qu'elle lui tendait. C'était une coupure de presse jaunie, ancienne, comportant deux photos.

— Intéressant, en effet.

L'une représentait Kyle Lang et Willa Ambrose, très jeunes, côte à côte, souriant en regardant la caméra. L'autre cliché montrait un bébé gorille. Le titre de l'article : UN COUPLE SAUVE UN GORILLE DES MAINS DES TRAFIQUANTS. Le bout de papier était coupé au ras du début de l'article mais on pouvait deviner la première ligne : *Kyle Lang et Willa Ambrose vont ramener aux USA le petit gorille qui...*

— Donc Kyle et Willa travaillaient ensemble dans le passé, murmura Mulder en réfléchissant.

— Ils étaient ensemble en effet. Et je crois même pouvoir deviner ce qui les a séparés. Kyle devait vouloir que Sophie soit remise en liberté, et Willa n'a pas voulu s'en séparer.

— Voilà une théorie qui tient debout. Le triangle amoureux et tragique habituel : un homme, une femme, un gorille...

— Si ce n'est que l'histoire ne s'est pas finie comme on pourrait le penser. Regarde cette note, je l'ai trouvée sous l'oreiller de Willa.

Mulder regarda : un mot de la main de Kyle.

— On dirait effectivement que, cette fois-ci, Sophie les a réunis au lieu de les séparer. Mais il n'existe qu'une seule personne qui puisse nous en dire plus.

— Je suis d'accord.

Scully ouvrit la porte de la salle de conférences.

Willa se trouvait au centre de la pièce. Elle était assise sur une chaise en bois et se tenait droite comme un « i », la mâchoire serrée. Autour d'elle tournaient trois policiers en uniforme qui avaient l'air de commencer à se fatiguer. Apparemment, Willa avait réussi à garder le silence jusqu'à maintenant.

Scully s'approcha et se joignit au manège des flics. Mulder, lui, préféra s'appuyer contre le mur, près de la porte d'entrée. Il prenait un malin plaisir à observer Dana quand elle passait à l'action lors d'un interrogatoire. Elle était très efficace.

Scully prit immédiatement les choses en main :

— Savez-vous ce que Kyle Lang faisait dans le zoo, cette nuit ? demanda-t-elle.

— Aucune idée.

— Nous avons un témoin qui affirme vous avoir vue rendre visite à Kyle hier soir, est-ce exact ?

— Oui.

— Pourquoi êtes-vous allée le voir ?

— Pour lui annoncer qu'il avait gagné, que le zoo fermait et que Sophie allait être renvoyée en Afrique.

— Lui avez-vous demandé de vous aider ?

— De m'aider à quoi ?

— A empêcher qu'on vous prenne Sophie.

— Non, cela aurait été contraire à tous les principes de Kyle.

Scully prit un ton dur et froid pour ajouter :

— Mais vous lui avez demandé tout de même de vous aider, exact ?

Willa ne cilla pas.

— Non.

— Dans ce cas, que faisait-il dans l'enceinte du zoo au beau milieu de la nuit ? Et pourquoi vous a-t-il laissé ce petit mot sous votre oreiller ?

Scully sortit le bout de papier et lut à voix haute :

« *Willa, je suis au bureau, il faut qu'on parle — Kyle.* »

Willa haussa les épaules.

— Je ne sais pas de quoi il voulait me parler.

— Est-ce qu'il venait souvent au zoo ?

— Quand il venait, agent Scully, c'était la nuit. Il sautait le mur comme un bon soldat de l'O.V.S. Mais pourquoi ne demandez-vous pas à votre ami Mulder ce qu'il pense de cette affaire ? Sa théorie est encore plus bizarre que tout ce que vous pourrez imaginer. Il croit que nos animaux sont enlevés par des extraterrestres !

Tout le monde se tourna pour regarder Fox.

Il s'éclaircit la gorge.

— Je crois que vous ne tirerez rien de plus de miss Ambrose, assura-t-il. Scully, il faut que je te parle. Tu peux venir une minute ?

Dana fit la grimace. Mulder avait raison, Willa ne dirait rien, même sous la torture. Autant passer à autre chose.

Une fois hors de la salle de conférences, Dana eut un geste d'impatience :

— Fox, je n'arrive pas à croire ce que j'entends. Tu penses réellement que ce sont des extraterrestres qui enlèvent les animaux, qui ont kidnappé Sophie et tué Kyle ?

— Oui, qu'est-ce que tu en dis ?

— Je pense que la mort de Kyle et la disparition de Sophie ressemblent exactement à ce qui s'est passé avec le tigre.

— En effet.

Scully fronça les sourcils. Elle venait d'entendre une chose fort rare : une intonation trahissant un doute... Mulder avait des doutes !

— Fox, murmura-t-elle, je rêve ou tu n'es pas sûr de toi ? Pourtant, tu es intimement persuadé que les petits hommes verts sont partout autour de nous, non ?

— Effectivement, mais il y a quelque chose qui ne cadre pas, quelque chose d'illogique dans la disparition de Sophie.

— De quoi parles-tu ?

— Les réactions de Willa...

— Quoi « *les réactions de Willa* » ? Je ne comprends pas.

— Elle vient de perdre un animal qu'elle aime profondément. Je ne vois pas comment, en de telles circonstances, elle peut rester aussi calme, masquer son chagrin aussi bien.

— Tu en conclus quoi ?

— Je pense qu'elle sait où se trouve Sophie. Je crois également que Kyle est mort parce qu'il savait que Willa était prête à tout pour garder l'animal. Je pense qu'il voulait empêcher sa vieille amie et amante de risquer sa vie et sa carrière bêtement. Mais il n'a pas réussi, hélas pour lui et pour elle.

— Tu ne penses tout de même pas que Willa l'a tué ?

— Willa Ambrose serait capable de n'importe quoi pour Sophie.

Dana secoua la tête.

— Voyons, Mulder, tu imagines Willa perchée en haut d'une pile de cages, attendant le bon moment pour balancer un container sur la tête de Kyle ?

— Je ne suis pas certain de ce qui s'est passé hier soir. Mais une analyse plus approfondie des blessures du cadavre nous donnera sûrement les renseignements dont nous avons besoin.

Dana soupira.

— D'accord, comme tu veux. Je vais m'y mettre.

— Moi, je vais refaire le tour de l'entrepôt. Nous sommes peut-être passés à côté d'un indice important.

— O.K., Mulder. Tu gardes la voiture. Je vais me faire conduire à la morgue par les flics locaux. Le poste central n'est pas très loin d'ici.

Fox la regarda s'éloigner, puis se dirigea vers l'entrepôt du zoo. La porte était ouverte. Il s'avança dans le labyrinthe de cages. De temps en temps, un animal poussait un cri. La plupart des bêtes dormaient. Elles avaient dû être énervées toute la nuit par les va-et-vient de la police.

Mulder alla directement vers la boîte qui avait contenu Sophie. Il s'agenouilla pour mieux en examiner le contenu.

Rien.

Il ferma la porte en fer, puis regarda autour de la cage.

— Tiens, tiens...

Il y avait des brins de paille par terre, une piste qui se dirigeait vers la porte de l'entrepôt.

Cela ne voulait rien dire. Le gorille avait pu s'échapper par là tout seul, ou avait pu être emmené de force, pas moyen de le savoir.

Mulder se redressa et alla examiner l'endroit où on avait trouvé le corps de Kyle. La cage qui l'avait tué était toujours sur le sol, telle qu'on l'avait trouvée. Le loup qui se trouvait encore dedans quand on avait découvert le drame avait été transféré dans un autre container et serait envoyé en Californie.

Fox regarda attentivement autour de lui, essayant d'imaginer comment la cage avait bien pu tomber.

Il aperçut soudain un bâton qui reposait contre le mur, un bâton qu'il connaissait.

— Tiens, tiens... on dirait que l'ami Ed Meecham n'a pas encore été licencié. Il est chargé de faire tenir tranquilles les animaux...

Fox regarda le bout de bois avec dégoût. Mais soudain, un bruit venant du côté de la porte le fit sursauter.

— Quand on parle du loup... murmura-t-il.

C'était Ed Meecham. Il se dirigeait vers le garage. Fox le suivit discrètement.

Le temps qu'Ed sorte le camion du zoo de son box, Mulder était déjà au volant de sa voiture et l'attendait.

Fox patienta, puis démarra et suivit le camion.

Ce n'était pas aussi amusant que de filer le train à une soucoupe volante, songea-t-il, mais cette petite excursion allait sûrement être instructive, tout de même.

CHAPITRE 15

Mulder prit grand soin de ne pas se faire repérer par Meecham.

Il suivit le camion de loin sur l'autoroute, vers le soleil couchant.

La nuit était tombée lorsque Ed se gara enfin devant un grand bâtiment situé au milieu de la campagne.

L'endroit ressemblait à une usine désaffectée. Mulder aperçut, dans la lumière des phares de Meecham, de hauts murs de brique et des fenêtres aux vitres brisées.

Fox regarda Ed descendre de son camion et fouiller sous son siège. A la surprise de Mulder, il en sortit une lampe torche et un revolver.

Mulder dégaina immédiatement son arme et avança prudemment.

Il suivit Meecham à l'intérieur du bâtiment.

— Lâchez votre arme !

Ed sursauta et se retourna, surpris. Il éclaira le visage de Mulder avec sa lampe.

Fox lança :

— Je vous tiens en joue, Meecham ! Je pense qu'il y a eu assez de morts comme ça dans cette histoire, pas vous ?

— Je n'ai pas tué Kyle Lang.

— Lâchez votre arme d'abord. Nous discuterons ensuite.

Ed hésita, regarda le revolver de Mulder, et finit par laisser tomber son pistolet.

Fox alla ramasser l'objet. C'était un lance-fléchettes, un pistolet tranquillisant.

— Je fais cela parce qu'elle me donne du fric pour le faire, expliqua Meecham. Les patrons du zoo ne veulent pas me payer ma pension, ils disent qu'ils n'ont plus d'argent.

— Je compatis. Où est Sophie ?

— Sophie ? Comment est-ce que je le saurais ?

— Meecham, je n'ai pas de temps à perdre.

Ed soupira et indiqua le fond de la grande salle d'un mouvement de la tête.

— Elle est là-bas.

— Très bien, passez devant, vous allez me montrer le chemin. Pas de bêtises.

Meecham regarda le revolver de Mulder toujours pointé vers lui et haussa les épaules.

— Venez.

Fox le suivit dans le grand hall, puis dans un couloir. Meecham éclairait le chemin avec sa lampe torche.

Tandis qu'ils avançaient, Mulder entendit un bruit qui ressemblait au battement d'une grosse caisse.

— Qu'est-ce que c'est que ça ? demanda-t-il.

— C'est le gorille, répondit Ed. Sophie se lance de toutes ses forces contre la porte, elle est devenue dingue.

Le martèlement devenait de plus en plus fort. Meecham s'arrêta devant une haute porte en métal. Le panneau vibrait chaque fois que l'animal se jetait dessus.

Fox recula instinctivement. Il pouvait presque sentir physiquement la force de l'animal.

— Elle est terrorisée, fit-il.

— Ouais, soupira Ed. Et elle va se tuer si elle continue comme ça.

Sophie se jeta de nouveau contre la porte. Mulder frissonna.

Il n'avait pas le choix...

— D'accord, Ed, vous allez m'aider à sauver cette bête.

Il rendit le pistolet tranquillisant à Meecham.

— Mais...

— La première fois que je vous ai rencontré, vous m'avez dit que les animaux, c'était toute votre vie. Prouvez-le !

Le gros bonhomme prit l'arme et fronça les sourcils.

— Passez-moi votre lampe, dit Mulder. Je vais éclairer Sophie pour que vous puissiez viser.

Lentement, prudemment, Meecham ouvrit la porte. Son visage exprimait son inquiétude. Il entra dans la pièce à petits pas, comme s'il marchait sur des œufs. Fox se mit juste derrière lui, la torche dans la main gauche, son revolver dans la droite.

Il aperçut enfin le gorille, qui se tenait au fond de la salle, dans l'obscurité, loin de la porte.

— Je n'ai qu'une fléchette, annonça Meecham, alors soyez prêt à vous servir de votre flingue, au cas où ça tournerait mal, O.K. ?

— Elle est au fond de la salle.

— Dans l'angle, oui, j'ai vu.

Fox tendit le bras pour mieux éclairer le coin en question. Mais avant qu'il ait pu finir son mouvement, il fut frappé violemment sur la main. Le visage de Sophie apparut juste devant lui, et il se retrouva à terre sans avoir compris comment.

Il sentit qu'un poids énorme s'abattait sur lui.

Une odeur musquée flottait dans la pièce. Soudain, une petite détonation retentit. Le pistolet tranquillisant... Mulder essaya de remettre son doigt sur la détente du revolver.

Sans prévenir, Sophie disparut de nouveau dans les ténèbres. Tout était sombre. Fox avait lâché la lampe qui n'éclairait plus que le plancher sale et inégal.

— Ed ?

Pas de réponse. Mulder se redressa.

— Ed, où êtes-vous ?

— Je l'ai ratée.

Fox comprit soudain que la voix de Meecham était curieusement assourdie. Il se retourna.

La porte était fermée, verrouillée de l'extérieur.

— Meecham, ouvrez, laissez-moi sortir ! hurla Mulder.

— Vous avez un flingue, servez-vous-en !

Mulder commençait à s'affoler :
— Meecham... Meecham, écoutez-moi... Meecham !
Pas de réponse.
— Meecham !
Ed était parti. Fox ferma les yeux, terrifié, et se retourna vers la salle obscure.
Il avait envie d'aller ramasser la lampe torche, mais cela nécessitait un mouvement. Et il ne tenait pas à ce que Sophie le voie.
Il pouvait être attaqué à n'importe quel moment.
Son seul espoir : que l'animal le comprenne.
Et surtout qu'il le croie.
— Sophie ? appela-t-il doucement. Je suis ton ami. Je viens pour t'aider. Aider bébé Sophie !
Un grognement sourd lui répondit. Mulder pouvait sentir que l'animal était en colère, prêt à tout.
Sophie avait été trahie trop souvent pour pouvoir encore accorder sa confiance à un être humain.
Fox se mettait à sa place...
S'identifier à un gorille en gestation était étrange mais facile, vu les circonstances. La pauvre bête voulait sauver son petit.
Mulder tenait son revolver pointé vers la salle. Le poids de l'arme lui faisait mal à la main.
Cela ne le dérangeait pas de tirer sur un criminel. Mais tirer sur un animal innocent, c'était autre chose.
Pourtant, son choix était simple :
Soit il tuait Sophie, soit elle le tuait.

Et il n'avait pas envie de l'abattre, ni envie de mourir.

Mais la bête ne lui laissa pas le temps de réfléchir à la question : elle grogna de nouveau.

Et chargea Mulder.

CHAPITRE 16

Mulder avait mal au front.

Sophie lui avait griffé la figure avec ses ongles.

Fox eut l'impression que la lumière jaunâtre de la torche devenait progressivement rose, puis rouge.

Dans un halo pourpre, il distingua la silhouette du gorille debout au-dessus de lui, tandis qu'il se mettait à quatre pattes.

Elle leva le bras pour le frapper de nouveau.

Mulder serra son arme, son doigt se contracta sur la détente.

Mais il ne tira pas. Sa main tremblait. Un terrible dilemme l'empêchait de faire feu.

Tuer ou être tué ?

Mulder n'eut jamais à prendre cette décision, car Sophie arrêta soudain son mouvement.

Elle se redressa et courut se tapir de nouveau dans le noir. Mulder regarda autour de lui pour voir ce qui avait bien pu l'effrayer.

Il battit des cils. Une étrange vapeur luminescente envahit la pièce.

Et dans cette brume, Sophie disparut progressivement.

L'animal le regarda dans les yeux et fit trois gestes pour un ultime adieu.

Une lumière blanche explosa dans la salle. Puis ce fut de nouveau le noir total.

— Mulder!... Mulder!

La voix de Scully semblait venir d'un autre monde.

Fox dut faire un effort surhumain pour ouvrir les yeux.

La lumière pâle du petit matin... Scully penchée au-dessus de lui...

— Ne bouge pas! lui ordonna-t-elle.

Puis Dana se tourna vers les deux policiers qui se tenaient derrière elle et leur lança :

— Vite, appelez une ambulance.

Mulder se redressa lentement. Il se frotta la tête et regarda la salle.

Sophie n'était plus là.

— Ça va aller, murmura-t-il. Où est-elle?

— Où est qui?

— Sophie... ils l'ont emmenée...

— Mulder, tu es en état de choc. Rallonge-toi.

Mais Fox ne l'écouta pas et se releva.

— Meecham? fit-il.

Scully fronça les sourcils.

— Ed Meecham a été placé en état d'arrestation, répondit-elle. On l'a coincé alors qu'il tentait de quitter l'État. C'est lui qui nous a dit où tu te trouvais.

— Et Willa ?

— Dans une voiture de police, là, dehors. J'ai fini l'autopsie du corps de Kyle Lang. J'ai trouvé des traces intéressantes. Il a été tué non pas par la chute de la cage, mais par des coups répétés. Des coups de gourdin ou de bâton. Il m'a fallu un certain temps pour convaincre Willa de tout me raconter. Elle avait personnellement payé Ed pour qu'il l'aide à cacher Sophie. Elle a avoué qu'il avait trouvé cet endroit, loin de tout. Ils comptaient y garder Sophie le temps qu'il fallait. Je crois que Willa Ambrose a perdu les pédales. L'idée qu'on lui enlève Sophie l'a complètement affolée.

— Il faut que je lui parle...

— Mulder, tu n'es pas en état de...

Mais Fox avait déjà quitté la pièce.

Willa était assise à l'arrière d'une des voitures de police. Elle regardait droit devant elle, fixement.

Mais elle se réveilla de sa rêverie en voyant Mulder :

— Où est Sophie ? demanda-t-elle.

— Elle est partie.

Willa ferma les yeux comme si elle allait pleurer, puis elle regarda Fox d'un air féroce :

— Qu'est-ce qu'Ed lui a fait ? J'ai eu tort de me

fier à ce salaud. Mais je n'avais personne d'autre vers qui me tourner.

— Ed n'est pour rien dans ce qui est arrivé à votre gorille.

Elle se mit à trembler.

— Mon Dieu, c'est un cauchemar ! Tout cela ne serait pas arrivé si Ed n'avait pas paniqué en voyant Kyle ! Kyle n'aurait jamais dû venir dans l'entrepôt ! Il est parti, Sophie est partie. J'ai tout perdu...

Willa enfouit son visage dans ses mains et sanglota.

— Miss Ambrose, écoutez-moi, fit Mulder. J'ai besoin de votre aide. Avant de disparaître, Sophie a essayé de me dire quelque chose.

La jeune femme le regarda.

— Qu'est-ce ce qu'elle a dit ?

— Je ne sais pas, justement. Elle a fait ces gestes.

Mulder refit aussi précisément qu'il le pouvait les signes que l'animal avait faits avant d'être englouti par le nuage lumineux.

— *Homme sauver homme*, dit Willa.

Fox la regarda dans les yeux. Elle était aussi perplexe que lui. Que pouvaient vouloir dire ces trois mots ?

Ils n'eurent pas le temps d'en discuter, car la radio de la voiture annonça soudain :

À TOUS LES VÉHICULES : ANIMAL DE GRANDE TAILLE REPÉRÉ SUR LA ROUTE INTER-ÉTATS, SUD DE LA ROUTE DE SERVICE, APRÈS LA 82e RUE.

— C'est elle ! s'écria Mulder.

Il aperçut Scully et les policiers qui sortaient du

bâtiment. Il leur répéta ce que venait d'annoncer la radio.

Tout le monde se précipita vers les véhicules. Scully monta avec Mulder aux côtés de la jeune femme.

La voiture démarra en trombe.

— Dépêchez-vous ! hurla miss Ambrose au flic qui conduisait. Plus vite, plus vite !

Une demi-heure plus tard, les voitures de police étaient toutes garées en cercle sur le bord de la route inter-États. Une voiture banalisée les avait rejointes. Le ciel gris du matin diffusait la lumière du soleil, donnant une touche irréelle à la scène.

Willa descendit de la voiture et se précipita.

Mulder et Scully la suivirent.

— Où est-elle ? Où est-elle ? hurla la jeune femme en courant vers un policier en uniforme qui se tenait sur son chemin.

— Elle ? répéta le policier.

— Sophie !

— Sophie ?

Mulder intervint :

— Le gorille.

— Pourquoi ne l'avez-vous pas dit tout de suite ? Il est là-bas !

Il indiqua un sapin situé au milieu du champ. Un groupe de policiers se tenaient autour de l'arbre et regardaient vers le sol.

— Que s'est-il passé ? demanda Scully tout en suivant le flic.

— L'animal a traversé la route et s'est fait heurter par une voiture. Le véhicule a fait une belle embardée et est sorti de la route mais le chauffeur est indemne.

— Et le gorille ? demanda Willa tout en accélérant le pas.

— Il a réussi à continuer d'avancer mais il n'a pas pu aller plus loin, répondit le policier en indiquant l'arbre.

Willa n'en pouvait plus. Elle se mit à courir vers la masse sombre qui gisait sur le sol.

— Non, non, ce n'est pas vrai...

Willa prit la tête de Sophie dans ses mains et lui caressa la joue tout en pleurant. Elle murmura à son oreille, prononçant son nom comme si elle espérait la ramener à la vie.

— Elle est morte, madame, fit le flic en uniforme.

La jeune femme le regarda :

— Je vous en supplie, dites-moi, dans quelle direction courait-elle lorsque...

Le policier fit la grimace :

— Je vous demande pardon ?

— Est-ce qu'elle allait vers le zoo, ou est-ce qu'elle s'en éloignait ?

Le flic regarda Scully et Mulder, puis haussa les épaules :

— Aucune idée, ça a une importance ?

Mulder resta silencieux. Il comprenait le chagrin de Willa. Il avait, lui aussi, des questions, beaucoup de questions à poser. Malheureusement, Sophie ne pourrait jamais y répondre.

Pour le moment, Fox était immobile, paralysé, hypnotisé par la main du gorille.

Ses doigts à l'apparence presque humaine étaient figés en un signe qu'il connaissait : le geste qui voulait dire *Je t'aime*.

CHAPITRE 17

Le lendemain matin, Scully et Mulder retournèrent à l'aéroport à bord de leur voiture de location.

Ils n'échangèrent pas un mot durant tout le trajet.

L'enquête était terminée.

C'était maintenant au juge de décider ce qu'il adviendrait de Willa.

La ville déciderait de ce que le zoo allait devenir.

Et personne ne pouvait prédire l'avenir des animaux en train d'être dispersés dans tout le pays, chacun dans un zoo différent.

— C'est bizarre, mais il y a une chose à laquelle je n'arrête pas de penser, fit soudain Scully, rompant le silence.

— Quoi ?

— Les galeries marchandes du centre commercial, lorsque le tigre avait fait fuir tout le monde. L'endroit était désert et silencieux. C'était sinistre, on se serait crus dans un paysage postatomique... marrant, non ?

— Oui, marrant.

Après un long silence, Mulder ajouta :

— Il faut que je finisse d'enregistrer mes notes. Tu vas en avoir besoin pour faire ton rapport au big boss.

Il prit son Dictaphone et parla dans le micro :

— Les crimes commis dans le comté de Fairfield ne sont pas, comme c'est souvent le cas, les actes désespérés de groupes de personnes se combattant l'un l'autre. Ces gens luttaient contre une force qu'aucun d'eux ne pouvait imaginer possible, et que personne ne pouvait vaincre. Une force au-delà de notre compréhension actuelle. Est-ce que des extraterrestres sont en train d'essayer de sauver les espèces menacées par l'homme ? Est-ce que nous devons en conclure qu'ils considèrent que nous ne saurons pas nous sauver nous-mêmes ? Est-ce que ces extraterrestres ont remarqué qu'il y a de plus en plus d'espèces en voie de disparition ? Les hommes risquent-ils à terme de disparaître également ? Est-ce que notre survie dépendra, en fin de compte, du zoo interplanétaire créé par ces êtres d'une autre planète ? Ou est-ce que le gorille Sophie avait raison en disant que l'homme sauve l'homme ?

Mulder arrêta le magnéto.

— Scully, je crois que j'ai tout dit.

Elle soupira tout en continuant de regarder la route.

— Oui, je le crois aussi.

— J'ai beaucoup de questions, mais aucune réponse, fit Fox d'un air las.

Aucune réponse, se dit-il, accablé.

Et soudain, tandis qu'ils roulaient, songeurs, il aperçut une pancarte.

Une citation de la Bible y était inscrite en grandes lettres rouges :

L'HOMME N'EST PAS MEILLEUR QUE L'ANIMAL.
CAR TOUT N'EST QUE VANITÉ.

Composition Euronumérique
Achevé d'imprimer en Europe (Allemagne)
par Elsnerdruck à Berlin
le 10 février 1997.
Dépôt légal fevrier 1997. ISBN 2-290-04346-X
1er dépôt légal dans le collection :
septembre 1996

Éditions J'ai lu
84, rue de Grenelle, 75007 Paris
Diffusion France et étranger : Flammarion